POLÉMIQUE IMPÉRIALISTE

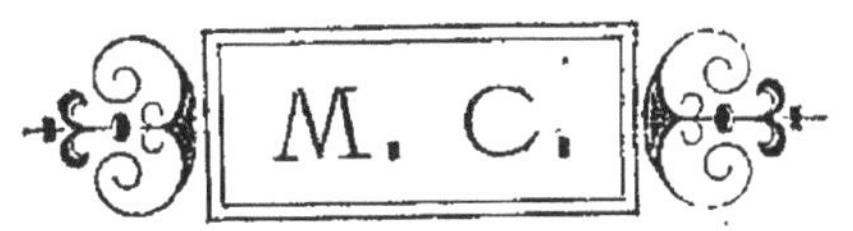

M. C.

PARIS
LIBRAIRIE GÉNÉRALE
Dépôt central des éditeurs
BOULEVARD HAUSSMANN, 72, ET RUE DU HAVRE

POLÉMIQUE

IMPÉRIALISTE

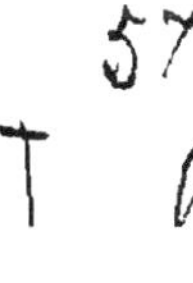

Clichy. — Imprimerie Paul DUPONT, rue du Bac-d'Asnières, 12. (694, 6-78.

POLÉMIQUE

IMPÉRIALISTE

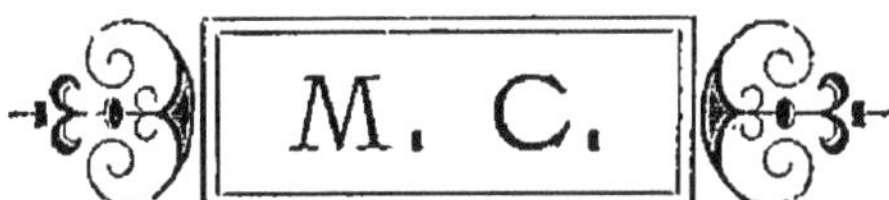

PARIS

LIBRAIRIE GÉNÉRALE

Dépôt central des éditeurs

BOULEVARD HAUSSMANN, 72, ET RUE DU HAVRE

On nous oblige à supprimer quelques lignes d'avant-propos.

Nous le faisons d'autant plus volontiers qu'un gouvernement de République n'a pas besoin d'une appréciation, qu'on nous passe le mot, plus ou moins raide.

Il se suffit à lui-même.

Nous nous bornons donc à penser et à dire, nos amis et nous, que le grand Parti Impérial doit toujours s'affirmer partout et ferme; et c'est pourquoi nous avons réuni ici les quelques pages de polémique qu'il nous a été donné, et que nous avons, dans notre modeste sphère, été heureux de soutenir, pour cette grande Cause que nous aimons, que nous espérons, que nous sommes sûrs — soyons prudents : — au jour légal, sûrs de voir triompher. — L'Empire : — Napoléon.

M. C.

7 novembre.

LA FOI EN L'AVENIR

Il faut voir les choses en face. Nous voici arrivés à la période aiguë et, de cette période décisive, deux états peuvent sortir.

Ou le Maréchal restera, et avec lui, c'est le *statu quo*, l'ordre, la paix intérieure et extérieure ; ou bien, sans lui, s'il nous quitte, c'est bientôt et fatalement la Commune ; il n'y a pas de moyen terme ; c'est l'un ou l'autre, et tous ceux qui croient ou feignent de croire à une transaction, à une conjonction des centres, ou à toutes misères analogues, se bercent ou veulent nous bercer d'une invraisemblable utopie, qui ne peut avoir de durée et qui n'en aurait point.

Mais le Maréchal est là, et nous devons avoir confiance, il nous a dit : « J'irai jusqu'au bout... » et il nous abandonnerait ! lui un soldat, le type du devoir et de l'honneur ! Allons donc ! nous nous sommes donnés à lui, comme il s'est donné à nous, il restera avec nous, comme nous resterons avec lui ; et, fiers de combattre sous ses ordres, nous continuerons à lutter, réunis, pour la défense et la sauvegarde de la société menacée.

Et nous, Bonapartistes, nous chez qui le sentiment impérial existe vif et constant, quoi qu'il advienne, et si la destinée — ce que Dieu ne veuille ! — ménageait à la France de nouvelles calamités, nous sommes là ; nous avons pour nous et avec nous le Peuple, non pas cette infime minorité qui braille et n'en impose que par les soubresauts et l'agitation qu'elle fomente, mais le Peuple qui travaille, le paysan, l'ouvrier, auxquels nous seuls avons donné et donnerons encore la vraie et féconde liberté.

Confiance donc et courage ! nous le répétons, le Maréchal est là ; nous avons sa parole. Si, par impossible, elle lui était enlevée, la Commune, cette Commune infâme, se vautrerait dans la boue et dans le sang ; encore, alors, nous serions debout, suprême espoir de la patrie, et d'un coup, nous ramènerions l'ordre et sauverions notre cher et malheureux pays, en arrachant cette gangrène mouvante qui voudrait l'étouffer.

D'aussi terribles malheurs ne se réaliseront pas, nous en avons la ferme espérance; 1880 viendra, la France décidera de ses destinées ; avide de repos, de tranquillité trop longtemps perdue, elle nous appellera.

Nous regardons en face : l'avenir est à nous ; à nous le succès, car nous avons l'énergie et la foi qui l'amènent.

---

10 novembre.

NOUS — OU GAMBETTA

Il faut résister à la nouvelle Chambre ou lui céder complétement. — Pas de faux-fuyants; pas de concessions.

Le Maréchal veut-il résister? — Qu'il appelle de nouveaux ministres conservateurs, et que ces conservateurs soient nous.

Veut-il céder? — C'est Gambetta. Qu'il le prenne.

Il résistera : — il veut garder intact l'honneur de son nom. Il résistera : — il en a fait le serment; il ne voudra pas forfaire à sa parole. Il résistera : — il ne veut pas abandonner le terrain qu'il a juré de défendre pied à pied : — avec

Nous, s'il ne veut pas non plus être une seconde fois conduit et acculé dans les mêmes impasses.

Qu'il rentre en lui-même ; qu'il s'interroge, et débarrassé de tous les faux avis qu'on lui donne, il verra qu'un seul Parti peut sauver, non sa personne, nous ne croyons pas qu'il en ait souci, mais la France abêtie de révolution.... — le Nôtre.

Les orléanistes : on les a vus à l'œuvre ; ils ont montré ce qu'ils savaient faire grossissant une rançon de leur argent réclamé ; eux, des princes, ils ont fait une république.

Les légitimistes : ce sont gens de race et nous saluons leur Roi ; mais que peut-il, ce noble descendant de notre vieille France ? — Il a bientôt trois fois vingt ans ; il n'a pas d'enfants et il a une femme ; son drapeau blanc est dans son salon, où il l'a mis sous verre.

Les républicains ; c'est la Commune, on l'a vu.

Reste Nous. — Que le Maréchal nous appelle donc ; nous sommes sûrs, et garantissons le succès.

Quand nous serons sous ses ordres, à ses côtés, il sentira sa poitrine de soldat battre au contact de ses anciens amis, de ceux qu'il a aimés; et à l'époque fixée pour la limite de ses pouvoirs, lors de la révision, ses droits pourront être et seront, sans secousse, transmis à une Couronne.

Qu'il n'écoute pas ses faux et maladroits amis; ils l'ont mené là; ils le mèneront pis encore.

Pas de concessions; car s'il en fait une, c'est qu'il se sent pâlir, et une cohue bourdonnante aura fait ce que n'avait pu l'ennemi face à face.

Lorsque le sang reflue de la tête au cœur, il n'y a qu'à courber bas la tête.

S'il cède, qu'il appelle le chef incontesté de la gauche; qu'il appelle Gambetta : ce sera logique et parlementaire.

Lui au pouvoir, les passions se soulèveront, et si, ministre d'un nouveau genre, il tente d'y mettre un frein, il sera traité de réactionnaire et bientôt mangé. En tout cas, se prépareront pour l'avenir la désorganisation et l'anarchie : la bête rouge grimpera sur nous; et quand elle nous aura donné des pustules, nous l'écraserons de notre talon et répandrons sur le sol jusqu'à la dernière goutte de son nauséabond venin.

Le Maréchal peut-il hésiter?

12 novembre.

EMPIRE ET RÉPUBLIQUE

Ce qu'était l'Empire, ce qu'est la République. Nous allons vous le dire. — Voilà :

L'Empire, c'était la richesse.

La République, c'est la ruine.

L'Empire, c'était le respect.

La République, c'est le mépris.

L'Empire, c'était la religion honorée.

La République, c'est l'athéisme.

L'Empire, c'était la tranquillité et l'ordre.

La République, c'est la désorganisation, le trouble et l'anarchie.

Comparez et jugez.

Vous rappelez-vous, tous, ce bien-être se manifestant partout, cette abondance, cette confiance qui faisaient entreprendre tant de grands travaux et produire de si belles œuvres? — Riches, vous dépensiez et jouissiez de votre fortunée naissance. — Pauvres, vous profitiez des libéralités des riches ; pour acquérir à votre tour, vous travailliez; le pouvez-vous maintenant? il n'y a plus de travail. — Industriels, négociants, vous rappelez-vous cet essor des affaires, votre prospérité de vingt années? — Ouvriers, vous rappelez-vous ces jours de paix, où ne vous brûlant pas le sang dans la politique du cabaret, vous passiez une existence heureuse et tranquille, allant à l'atelier le matin, en revenant le soir, estimés de vos maîtres ; où, des exaltés et des fous, n'ayant point mené beaucoup d'entre vous à la dégradation morale, à l'exil, se sauvaient à l'abri de toutes les infâmes doctrines dont ils vous ont perdus. — Propriétaires et paysans, vous le rappelez-vous, vos récoltes étaient vendues d'avance, et vous mettiez de coté pour vos vieux jours le fruit de vos labeurs ; sont-elles en sûreté maintenant vos épargnes ; pourrez-vous les transmettre à vos fils ; la terre même sera-t-elle un jour bien à vous ?

Et comment voulez-vous que cela marche?

quand on voit ce que nous voyons, quand il n'y a plus de respect pour rien, même pour la justice; quand on voit une Assemblée; non-seulement admettre un condamné, mais encore requérir la liberté immédiate de cet homme qui a mis en joue le chef de l'État, de cet homme qu'on aurait dû jeter en prison et mettre aux fers pour sa vie, comme crime de haut outrage et trahison. Comment voulez-vous que cela marche quand une partie des représentants menace de s'insurger, et forme, à son aise, un comité de salut public, avant-coureur d'une Terreur nouvelle?

Comment voulez-vous que cela marche quand on entend les paroles de haine, lancées dans une Assemblée qui, seconde Convention, voudrait rester seule maîtresse, ne comptant pour rien les deux autres volontés opposées à la sienne.

La France était trop belle, trop heureuse. On était glorieux d'être Français.

Vous vous en souvenez de cette année, où princes, rois, empereurs, venaient nous rendre visite, jusqu'au sultan! dont le calme et la majesté orientale n'avaient jamais franchi la porte de son palais.

L'Empire était fier, élevé, prospère.

La vraie République, celle qu'on nous promet, est petite, basse et malsaine.

Nous avions l'autorité sous le couvert de la liberté; on veut la licence: Ne voit-on pas insulter un Maréchal; le chef de la France, de la France qu'ils veulent perdre et avilir.

Maintenant, tout ce qui est beau, noble, est traîné dans la boue; l'âge, l'intelligence, les services passés sont comptés pour rien, toutes les mauvaises passions sont déchaînées.

Nous vous faisons un suprême appel, sauvez-nous, sauvez la France. Honnêtes gens, paisibles habitants de la campagne, gens de bien, vous dont la naissance a été éclairée des larmes de joie d'une mère, du sourire du vieux grand-papa; vous qui ayant bu au sein maternel, avez été instruits au village ou élevés à la ville; vous qui avez conduit la charrue des aïeux, ou tenu l'outil du travailleur; vous qui ayant pris femme avez élevé vos enfants dans votre saine tradition de devoir; vous qui voulez mourir en chrétiens, entourés de tous les vôtres, et partir le cœur libre, une larme dans la paupière, mais le sourire à l'œil, sauvez-nous!... n'écoutez pas ceux qui veulent vous tromper et vous faire sombrer dans leur débauche.

Laissez hurler la meute et marchez droit votre route.

Ces gens-là, ils ont méprisé tout ce qui était honorable ; ils ont injurié qui ne pouvait plus leur répondre ; ils ont outragé celui qui fut leur Prince, celui que vous aimiez, que nous aimions, parce qu'il était bon, grand, généreux, l'Empereur, dont nous avons gardé intact le souvenir, dont nous honorons la mémoire, et dont nous avons reporté, affection et dévouement, sur le Fils, héritier du grand nom de Bonaparte.

Oui, ils ont hurlé à sa mort ; plus encore, ils ont insulté une femme, modèle de charité, de dévouement, et d'abnégation souveraine. Arrière ! ils ne sont pas Français.

Nous, gens de bien, nous nous découvrons lorsque passe le cercueil d'un des leurs ; nous avons même voulu donner à celui qui fut leur chef des funérailles pompeuses, nous souvenant, bien qu'il ait fait tant de mal à la France, qu'il avait été le premier des Français.

Eux, gens de mal, ont vomi des ordures devant le silence et la majesté d'une tombe. Nous, gens de bien, nous croyons à Dieu, souverain arbitre de nos destinées, source d'inépuisable bonté ; nous croyons à Dieu qui, lorsqu'on le prie, apporte le calme au cœur et le soulagement aux souffrances.

Eux, gens de mal, ne croient à rien, ils font porter en terre, moins que des chiens, leurs enfants, pauvres et innocentes créatures; et, lorsqu'ils ne peuvent pas soustraire leurs morts à l'Église, ils restent à la porte du temple de la Foi, insulteurs par leur attitude éhontée et impie, à tout ce qu'il y a de sain, de sacré dans le cœur de l'homme !

---

12 novembre.

QUELS QU'ILS SOIENT!

Vous avez jeté le masque! plus d'opportunisme, plus de politique gênoise. Eh bien! tant mieux! vous voulez la lutte, vous l'aurez; c'est le Maréchal que vous visez, il ripostera; et lorsque vous vous serez mis en état d'insurrection ouverte, il aura pour devoir de vous supprimer et il n'y faillira pas.

Modérés, vous étiez redoutables; violents, nous ne vous craignons plus. Vous levez le drapeau rouge, teint de sang français; nous vous bâillonnerons et vous étoufferons avec lui!

Vos menaces ont donné du cœur aux faibles, et tous crient avec nous : Sus à la Révolution.

---

15 novembre.

CONSERVATEURS, DÉFENDEZ-VOUS !

La lutte est ouverte avec la Révolution. Conservateurs, défendez-vous !

Vous avez, le gouvernement qui est avec vous a, le Droit et la Force ! comme l'a dit l'orateur de la droite aux républicains insurgés : défendez-vous !

Le gouvernement a le Droit et la Force, il faut répéter et répéter encore cette parole si juste et si vraie.

Les républicains, les radicaux ne sont dans le pays que poignée de factieux, ils ne peuvent rien ; le Maréchal lui, peut les tenir, les tient au bout de son épée.

Cependant, s'ils ne peuvent aucun acte brutal, ils peuvent miner, corrompre et perdre le pays.

C'est cela qu'il faut empêcher.

Conservateurs, arrêtez vite ces débordements insensés, sinon le mal grandira, et lorsque vous voudrez lutter avec lui, le déraciner, vous serez les plus faibles et il tuera le malade.

N'oubliez pas ce qu'était leur parti à sa naissance, alors que cinq, ils débitaient à tour de rôle toutes ces folies qui ont amené nos désastres ; alors que par leurs attaques incessantes, tantôt sourdes, dissimulées, tantôt ouvertes et violentes, ils préparaient tous nos malheurs passés, toutes nos souffrances actuelles ; alors que l'un d'eux, qui devait plus tard, par son incurie, ensevelir dans la neige plusieurs milliers de nos soldats, insultait à notre armée, à notre chère et vaillante armée, honneur et gloire du beau pays de France.

Ces hommes avaient tant dit et redit leurs absurdités, préludes d'infamies et de malheurs à venir ; ils avaient tant réclamé, tant crié, que l'esprit public en était troublé, que bien des gens, gens de sens même, en arrivaient à penser qu'ils avaient peut-être raison : C'était le droit de réunion. — Ah ! La Liberté de la presse. — Oh ! L'armée. — Ouf !

Mais cela n'est plus aujourd'hui, conservateurs ; nous y voyons clair et ne voulons plus d'eux, nous, ni le Maréchal, qui a le Droit et la Force.

C'est l'ordre naturel des choses ; c'est le privilége des violents d'en imposer aux timides, des malappris d'effrayer et de faire taire les hommes bien élevés, des voleurs et des assassins de faire fuir ou de terrasser les honnêtes gens. Pourquoi? Parce que les violents frappent l'esprit des timides et des craintifs et leur forcent la main ; parce que les hommes bien élevés ne se commettent pas avec les malappris; parce que les honnêtes gens répugnent à user des mesures brutales que l'on emploie vis-à-vis d'eux, et c'est précisément ce qui les distingue des autres.

Conservateurs, vous êtes trop bons; leurs paroles ne sont que débordement de haine, leurs invectives ne sont qu'éructations grossières, leurs actes que perfidie et rapt : il vous en coûte, nous le comprenons, de vous abaisser à de tels adversaires, c'est dur, mais enfin il le faut ; mettez-leur les mains au collet, vous vous les laverez ensuite ; ça crie, mais devant le gendarme, le fauve devient mouton.

Vous savez, un voleur de grand chemin met d'abord en joue et menace de mort celui qu'il veut dévaliser ; mais si vous lui mettez sous le nez un canon de pistolet, il se sauve à toutes jambes et court se cacher dans le bois qui borde la route.

Conservateurs, dites-vous bien ceci : si vous laissez prendre ce qui vous appartient, et si ensuite la fantaisie vous vient d'aller le réclamer, ils ne feront pas comme vous, eux ; ils ne vous ménageront pas ; ils vous pousseront dehors, d'un insolent coup de poing.

Conservateurs, vous avez le Droit et la Force, défendez-vous !

---

19 novembre.

MORALE DE L'ACTION

La sinistre comédie de l'enquête s'est terminée, comme cela était prévu, par un vote favorable.

Le ministère, après avoir tenu à honneur de se défendre, et nous l'en félicitons, va évidemment se retirer ; de toutes façons, il y aura un temps de repos, et nous allons en profiter pour résumer rapidement, après cette longue discussion, les diverses impressions que nous avons ressenties au cours du débat.

Nous ne reviendrons pas sur le discours de M. Baragnon, que chacun doit lire s'il ne l'a déjà lu ; nous ne reparlerons pas non plus de celui de M. de Fourtou, excellent en certains points, mais qui, en d'autres, nous a semblé ne pas le prendre assez de haut, avec de tels adversaires.

Nous signalerons de toutes nos forces les paroles de M. Ferry. M. Ferry n'a pas craint d'adresser à l'étranger, une invocation, qui lui a valu un démenti du ministre des affaires étrangères; et il a osé faire un appel à la guerre civile, appel qui a fait courir un frisson indigné sur les bancs de la droite.

M. de Broglie nous a semblé remarquable, et nous nous sommes dit, que si ses actes avaient été conformes à ses paroles, la majorité dans les élections aurait, certes, été déplacée; quoi qu'il en soit, il faut lire avec soin son discours, il faut y voir avec quelle hautaine désinvolture, il secoue son ancien préfet de police; il faut surtout en retenir ceci : *qu'eux ministres, et sans nul doute leurs successeurs, ne toléreront aucun concours des agents du pouvoir dans cette enquête* qui, dit-il, est la préface d'une mise en accusation du Maréchal, et qui a pour but de partager chaque commune de France en deux catéries, les délateurs et les suspects.

Les trente-trois commissaires ne pourront donc absolument rien d'autre, que de compulser les dossiers électoraux personnels à chaque candidat, dossiers qu'ils ont entre les mains, et opération qui aurait en tous cas été faite. Tel sera le piteux résultat auquel arriveront messieurs les députés républicains ; et si, comme nous le pressentons, la syncope qu'a éprouvée M. Gambetta, après son discours violent et particulièrement grossier, est le début d'une maladie plus grave, ces mêmes républicains pourront gémir entre eux d'avoir hâté la fin, tout au moins politique, de leur chef.

Il nous convient de nous arrêter sur cette grave indisposition de M. Gambetta, la seconde du même genre depuis quelque temps : si nous avons bonne mémoire, et rien ne nous prouve le contraire, il nous souvient qu'il fut, avant l'époque de sa célébrité, envoyé à Ems pour y soigner une affection qui semblait devoir être sérieuse ; on le crut rétabli ; mais qu'il se méfie ; s'il tombait malade, ce serait pour la société un événement heureux : nous n'en sommes cependant pas à désirer cela ; nous ne voulons pas la mort du pécheur, mais : méfiez-vous, monsieur Gambetta.

Il nous semble en effet impossible qu'un homme résiste à la peine, quand on entend un pareil langage, reflet de tout ce qui bouillonne en une tête.

C'est lui qui, en face et de sang-froid, appelle ses collègues des voleurs; il leur dit, que leurs marques d'adhésion seraient déshonorantes, si elles étaient sincères; et toutes autres gracieusetés du même genre; pour finir, à M. d'Ornano : « Allez soigner votre chenil! »

L'on a pu remarquer la partialité absolue du président, lequel n'a pas une seule fois rappelé à l'ordre M. Gambetta; malgré le grand nombre de ses très-insolentes interruptions, et malgré toutes les paroles injurieuses dont nous venons de donner un aperçu.

Nous avons acquis ensuite une nouvelle preuve de la bonne foi républicaine, alors que, toujours le chef des républicains, M. Gambetta, accusé de connivence avec la presse étrangère, ose dire : « *Il n'est pas vrai, il n'a jamais été vrai qu'à aucun moment de l'existence de la* RÉPUBLIQUE FRANÇAISE, *il y ait eu entre ce journal et les organes de la presse étrangère, la moindre correspondance ou la moindre entente;* » ce que le rapport diplomatique de M. d'Arnim, ambassadeur d'Allemagne à Paris, dément formellement :

« *Il n'est pas sans intérêt de savoir*, dit M. d'Arnim, *que M. Haefner, qui joue un certain rôle dans les bureaux de M. Gambetta, est aussi le correspondant de la* GAZETTE D'AUGSBOURG.

« *Le principal entremetteur pour toutes les relations entre la presse démocratique et progressiste française et la presse allemande est un certain Simon Deutsch, Allemand très-connu, qui fournissait déjà, du temps de l'Empire, de l'argent au parti radical.*

« *Il est associé de la* RÉPUBLIQUE FRANÇAISE pour la somme de 50,000 francs.

« *En ce qui concerne le nommé Haefner, je dois ajouter qu'il est aussi correspondant des* NOUVELLES DE HAMBOURG *et du* BUND *de Berne, et que ses articles sont entièrement inspirés par Gambetta.* »

Il est facile de constater également la crainte qu'ont les républicains d'une nouvelle dissolution. M. Ferry l'a laissé voir maladroitement, pour son parti, bien entendu, et vraiment M. Gambetta n'a pas été plus habile, lorsque, revenant sur le même sujet, il a parlé de cette dissolution, « sur le caractère délictueux de laquelle on appelait hier votre attention », a-t-il dit. C'est par trop montrer le bout de l'oreille, et faire sentir la crainte qu'ont les républicains, ayant déjà perdu cinquante siéges, d'en perdre cette fois cinquante encore, plus cinquante avec.

Nous voyons une fois de plus aussi le peu de franchise du chef des républicains, toujours M. Gambetta, lequel, lisant une soi-disant circulaire ministérielle, où il est indiqué qu'il faut repousser les 363, parce qu'ils représentent la République qui veut supprimer l'armée, n'indique pas le signataire, laissant ainsi supposer que cette circulaire émane du ministre; et lorsque le général Bertaut monte à la tribune pour lui en démentir l'origine, comment s'en tire-t-il? C'est bien simple, par un éloge banal du ministre.

A la suite de ces débats, notre conclusion est : qu'il y a des hommes qu'on est en droit d'appeler les mauvais génies de la France; nous ne voulons pas parler des vrais républicains : eux, au moins, on sait à qui l'on a affaire ; nous entendons ces hommes d'allures et d'éducation distinguées, tels que M. Renault, qui par une ambition mal placée et surtout mal appliquée, se sont alliés aux radicaux après avoir dénoncé et flétri les menées radicales.

Devant cela, l'esprit reste confondu.

Pour nous, il est certain que les orléanistes se disent ceci : « L'Empire tiendra bon ; il faut l'empêcher à tout prix en nous mettant avec la République, et comme cette République, elle, ne tiendra pas, nous avons la chance d'arriver au pouvoir, en nous faufilant sous son couvert. » Ce raisonnement n'est pas beau, mais ils le font certainement. Ils ne sont pas francs, ils louvoient, espérant que le comte de Chambord mourra, et alors ils se poseront en héritiers de la Monarchie, ou bien que celui-ci, devenu trop vieux, abdiquera en leur faveur.

Mais il y a en eux trois vices rédhibitoires :

D'abord, ils sont les adversaires du suffrage universel : jamais donc ce suffrage universel ne voudra d'eux ; ensuite leurs princes n'ont pas su rester princes : ils ont été députés et ont voté la République; enfin ils ont réclamé leur monnaie quand la France avait cinq milliards à payer.

Les pauvres, nous les plaignons !

---

24 novembre.

LE DANGER EST VENU

Eh bien ! c'est fait, ce que nous craignions est arrivé, le Maréchal cède, il a cédé. La route va se trouver libre, et la révolution, que l'on avait tenté d'arrêter dans un effort de patriotisme pur, va marcher vite, plus audacieuse et plus menaçante à chaque pas : l'abîme est là, nous allons y rouler.

Vous souvenez-vous du 16 mai? A peine était-on parti en guerre, qu'il semblait que tout était fini ; vous le rappelez-vous? on se serrait les mains, on était heureux, on nous disait : Vous avez cru le Maréchal endormi, mais non ; s'il laissait aller, c'était pour mieux surprendre ceux qui, pour l'insulter, profitaient de son silence.

Nous, nous étions moins confiants; de prime-abord, et par l'expérience de ce qui s'était déjà passé, nous pressentions ce qui arrive aujourd'hui ; cependant, lorsque appel a été fait à tous les hommes d'ordre, nous n'avons pas voulu entraver cette œuvre de soi-disant résurrection, et puis, nous l'avouons, le rayon de soleil dont avait été éclairée cette journée nous séduisait par son éclat naissant : nous nous sommes aussi souvenus, — nous nous souvenons et nous nous souviendrions encore, — que nous avions pour guide et pour chef un maréchal de France, celui que l'on a nommé le chevalier sans peur et sans reproche, celui auquel l'Empereur avait fait un nom, souvenir d'une journée de glorieuse victoire.

Notre drapeau, nous l'avons montré, nous avons dit : Vous le voyez, c'est lui ; mais aujourd'hui, n'ayons en vue qu'une chose, la défaite d'une bande envahissante, oublions nos divergences et marchons; serrons contre nous notre précieuse relique, et au jour du triomphe, ou à l'heure du danger, nous le déploierons, ce drapeau, plus flottant que jamais.

Le danger est venu ; découvrons-nous : nous

voilà, gens de la Commune; vous baissez les yeux; vous êtes lâches : regardez ce point dans le ciel, c'est un aigle, qu'en un jour de deuil et de malheur, vous avez renversé; vous l'avez foulé aux pieds; le voyant à terre, et le croyant mort, vous vous êtes roulés dans l'ivresse du sang; puis vous l'avez laissé pour courir à d'autres victimes; il s'est guéri de vos coups; il a repris son vol; il plane au-dessus de vos têtes; il s'approche de la hampe dont vous l'avez jeté à bas et va s'y poser; — vous avez peur; — immobile et fier, quand il fixera sur vous ses yeux étincelants, vous sauterez du bord où vous êtes grimpés, et vous vous cacherez dans les profondeurs fangeuses qui sont vos demeures; — vous avez peur; — mais avouez donc!

Ce qu'il fallait, ce qui peut à la rigueur se faire encore, et ce que nous ne désespérons même pas complétement entendre dire au Maréchal, c'est ceci : « Messieurs,— beaucoup d'entre vous auront bientôt à prendre part aux travaux des Conseils généraux; vous avez peu de temps, avant votre séparation, il me faut mon budget. » Si ce budget était voté, très-bien; sinon : « Mon budget, Messieurs, vous ne me le donnez pas, vous vous mettez par conséquent en état d'insurrection, c'est bon ; moi aussi je m'y mets. »

Aussitôt, on se sent les coudes, tout est calme, et l'on continue à marcher, grossis de la foule des hésitants subitement ramenés.

Quant aux ministres d'affaires, que voulez-vous que fassent ces hommes dévoués, qui pris isolément peuvent avoir une haute valeur, mais qui réunis comme un bouquet de roses tendres de diverses nuances, vont se présenter devant une majorité intolérante ; ce qu'il faut, est-il besoin de le dire ? ce sont des hommes non d'affaires, mais de solide politique, formant un tout ; les affaires ne peuvent actuellement être utilement menées ; plus tard, quand le fond sera bon, alors, tout à elles, aux travaux de la paix : mais pour le moment, c'est impossible.

Maintenant, c'est la bataille ; ce sont des hommes de combat qu'il faut ; on ne saurait trop le dire et le dire encore ; qu'on ne l'oublie pas, ce qu'ils ont fait, ces gens auxquels nous allons : ils ont volé, ils ont pillé, ils ont tué ; ce qu'ils sont : des assassins ; si l'on parle des otages, l'on va presque à dire que c'est de la rengaîne ; parlons-en au contraire : que pas un du hameau le plus reculé n'ignore les détails de leur mort ; que pas un n'oublie qu'un des leurs, de leur famille, un gendarme, un gardien du devoir, de la paix, martyr de cruauté, a été attaché à une planche, jeté dans la Seine, et lorsque ses yeux mourants se tournaient vers la rive, ils lui lançaient des pierres et le poussaient à coups de gaffe.

Le nouveau ministère n'aura qu'une très-courte durée; que dès à présent soit préparé un cabinet uni pour la résistance, et l'abîme que nous avons entrevu s'effacera.

---

25 novembre.

LE MINISTÈRE

Le nouveau ministère vient d'être formé : à la lecture des noms qui le composent, le premier sentiment est que le Maréchal a voulu, en appelant des hommes complétement en dehors de la politique, puisque aucun d'eux ne fait partie de la Chambre des députés, ni même du Sénat, en choisissant ce que l'on est convenu d'appeler des hommes d'affaires, a voulu, disons-nous, user d'une dernière tentative de conciliation.

C'est, il nous semble, absolument à tort, et nous croyons peu ou point à la possibilité d'une solution par cette méthode ; nous n'y croyons en aucune circonstance, moins encore dans le cas présent que dans tout autre.

Comme conservateurs, nous sommes disposés à soutenir les ministres, mais nous estimons que tous leurs essais seront improductifs, tous leurs efforts vains, et que fatalement ils vont à un insuccès certain, à une chute marquée d'avance et bien marquée.

L'apaisement, la conciliation sont, il est vrai, de bien bonnes choses; les hommes calmes, modérés, ont à nul doute le principe d'autres qualités et vertus, mais franchement, est-il permis de croire, d'espérer, qu'avec quelques paroles mielleuses à l'égard de la majorité, avec quelques discours, où une intonation doucereuse soulignera le mot de République, on puisse amener à composition et à bien, les républicains, lorsque, dans son entier, le fond anti-républicain subsiste. Nous ne le pensons pas.

Car enfin, si le chef de la majorité est un homme détestable, si son éducation de bonne compagnie politique est très-grossière, il est cependant clair qu'il saisit vite et juste, et guidés par lui, les républicains ont déjà regardé plus avant; ils vont droit aux ministres importants, à l'intérieur et à la guerre, sans s'arrêter à leurs collègues dont la nuance les inquiète moins, et dont la conduite et les opinions ont un effet pratique très-relatif. Ils voient comme ministre de l'intérieur, M. Welche, un des préfets aimés de M. de Fourtou, presque M. de Fourtou lui-même, avec un peu plus d'eau bénite de cour apparente, voilà tout; comme ministre de la guerre, à la place du général Berthaut, dont à tort ou à raison l'uniforme ne leur déplaisait pas trop, le général de Rochebouët, plus raide et plus soldat, auquel ils se sont aussitôt mis à reprocher sa participation aux journées, journées de salut, de Décembre.

Ils ont si bien compris que tout d'abord, avant rien d'autre, ils ont, dans un ordre du jour de défiance complète, affirmé qu'ils ne pouvaient à aucun titre entrer en relations avec les nouveaux ministres; et à leur point de vue faux et absurde, funeste et mauvais à tous égards, mais à leur point de vue, ils ont raison; et les quelques centres gauches, esprits aimables et versatiles qui en cette circonstance se sont détachés d'eux, ont eu tort; il faut une suite dans les idées, il en faut une dans les actions; les républicains ont cette suite, ils ont ce but, et si les conservateurs leur ont laissé parfois la partie si belle, c'est qu'ils n'ont pas toujours su ce qu'ils voulaient, ou s'ils l'ont su, ils ne l'ont pas voulu, ou s'ils l'ont voulu, ils n'ont pas pris les moyens pour sûrement arriver.

C'est toujours la même marche, la même histoire, dont un jour, jour prochain, nous l'espérons, il faudra cependant se départir.

C'est avec ce système que s'est faite et développée la Commune, alors que de crainte de faire mourir d'abord quelques mauvais gredins, et de profiter de cette belle occasion pour s'en débarrasser, on a dû tuer ensuite vingt-mille individus, qui seraient restés innocents, et étaient au début non encore perdus pour la plupart; c'est en procédant avec ce même esprit faux et inexact, en désirant agir mais en essayant de temporiser, en le voulant sans le vouloir, que l'on est arrivé à la situation actuelle; c'est en faisant d'abord des procès, au lieu d'aller vite et ferme, quitte à faire les procès ensuite, qu'on a laissé M. Gambetta redoutable, et qu'au lieu d'un homme en prison, nous avons : nous un adversaire, la gauche son directeur et son chef.

Vraiment nous ne pouvons penser que le Maréchal ait, comme ces esprits timorés et petits, peur qu'on crie; qu'on crie! mais qu'est-ce que cela fait, on criera toujours; en tout cas, ce ne pourra être plus que maintenant; au moins quelques-uns, beaucoup peut-être, se mettront du côté de celui qui fait crier, et on n'en sera plus à ce résultat de mécontenter tout le monde sans satisfaire personne.

Il nous faudrait un ministère d'action, nous en avons un de composition ; au bout de cela et malgré tout, il y a deux adversaires en face, et il faut que l'un des deux abatte l'autre. C'est peut-être une dissolution nouvelle ; ou bien pour le Maréchal, soumission : — Soumission : Mais alors ?

---

3 décembre.

LE MARÉCHAL RESTERA

REGRETS RÉPUBLICAINS

Le Maréchal restera. Cette phrase a été bien dite et redite souvent ; cependant, en la situation présente, nous la prenons encore, la croyant bonne une fois de plus. Nous la redirons donc, républicains ; pour plusieurs raisons, mais surtout guidés par un motif tout particulier et spécial que vous apprécierez sans nul doute : c'est que l'entendre, cela vous ennuie et, vous ennuyer ne manquant pas d'un certain agrément et saveur, cette innocente taquinerie sera, nous n'en doutons pas, par vous admise et excusée.

Le Maréchal ne se démettra pas, c'est comme cela; il ne le veut pas et tous les généraux qui se sont assis à sa table sont là pour en protester; passer à la porte, c'était bon pour M. Thiers, le roi des petits bourgeois, mais pas pour lui. Non-seulement il ne se démettra pas, le Maréchal, mais il n'ira pas à gauche, nous vous l'affirmons, bons, bénins républicains ou radicaux.

Franchement, c'est à n'y rien comprendre; vous injuriez ses préfets qu'il a dit couvrir, et il ne met pas des vôtres à leur place; vous ne voulez pas entendre ses ministres, et il ne vous a pas encore choisis pour les remplacer; est-ce assez vexant! vos négociants patentés se réunissent en une solide masse pour lui soumettre un tableau aussi impartial que bien rédigé, des causes qu'ils ont trouvé au grand malaise des affaires, et il ne les reçoit même pas; les gros bonnets de votre parti lui crient : Rentrez dans la loi, rentrez dans la Constitution!... et il n'y rentre pas, dans cette loi dont il n'est pas sorti. C'est un peu par trop fort!

Passez-nous, le voulez-vous, ce mot vulgaire, vous en serez pour vos frais d'amabilités de tout genre et de toute nature, chers républicains; nous dirons même plus, il pourra vous en cuire un jour, pardonnez encore, si ce que vous craignez tant, la dissolution de vos douces et inviolables personnes, était une seconde fois résolue et approuvée.

Soyez gentils, acceptez que nous vous donnions tout bas un petit conseil, vous le suivrez où vous ne le suivrez pas, nous ne pouvons le préjuger, mais au moins vous nous devrez un petit peu de reconnaissance et nous serons heureux s'il nous est donné de vous avoir rendu un tout petit service; vous vous y prenez bien mal, en vérité, malgré vos airs et allures de lutte pratique; il ne faut pas faire comme ça, vous voulez voir partir quelqu'un et vous faites tout ce qu'il faut pour l'engager à rester et faire vibrer ce point d'honneur dont M. Gambetta nous a entretenu.

En toute sincérité, voyons, est-ce adroit? est-ce habile? Y a-t-il un de ses candidats personnels nommé, vous le refusez, ou si votre magnanime grandeur d'âme le laisse admettre par un effort de magnifique indulgence, vous ne manquez pas d'infliger une leçon et un blâme à ces pauvres affiches blanches, les malheureuses, qui n'en peuvent mais. Voyons encore, autre chose, vous lui dites chaque jour, à lui et même à sa famille, un tas de mots gracieux, que nous appellerions nous, peu convenables, le mot est doux, et vous voudriez qu'il vous rende politesse pour politesse, en vous appelant tout près de lui pour mieux entendre vos aimables paroles, ou qu'il vous cède la place pour vous en laisser le débit plus facile.

Que voulez-vous, le Maréchal restera ; c'est dur, c'est bien dur ; enfin on est quelquefois obligé de faire contre mauvaise fortune bon cœur, et comme vous êtes intelligents et spirituels, nous ne doutons pas qu'en si tristes conjonctures et au milieu de vos malheurs, votre figure ne reste gaie et souriante : vous nous permettrez cependant, n'est-ce pas, et vous nous en tiendrez compte, nous l'espérons, de vous présenter tous nos compliments de bien sincère condoléance et partagés regrets.

P.-S. — Les nouvelles que nous recevons à la dernière heure ne permettent plus de rien affirmer qui soit absolument certain, nous n'en persistons pas moins, au contraire peut-être, à pleurer sur les mésaventures présentes ou à venir des infortunés républicains.

4 décembre.

LA SITUATION

LE NŒUD GORDIEN

Depuis quelques jours la situation se complique, ou tout au moins devient plus obscure ; les difficultés se sont entassées depuis la réunion de la Chambre, et par suite, en effet, cette situation n'a cessé d'être à chaque moment plus mauvaise et plus embrouillée.

Franchement, si l'on veut bien examiner, si l'on veut remonter aux causes qui ont amené et produit cet état, il n'y a rien là qui puisse étonner ;

cela devait être. Pour notre part, nous n'en sommes nullement surpris, et nous savons bien que la situation actuelle est la conséquence logique des événements passés, comme la même conséquence logique des événements actuels doit amener un jour le triomphe de nos idées et de nos vœux. — Il y a là enchaînement forcé, absolu.

L'origine de cette situation est double et vient de deux causes différentes et distinctes : la première, amenée par l'attitude républicaine, attitude produite par le résultat des élections ; la seconde, due à l'attitude inverse du Maréchal, ayant engagé sa personne dans ces mêmes élections qui n'ont point réussi, et auquel maintenant l'honneur commande de soutenir les principes qu'il a juré de défendre dans leur entier.

Les républicains, aussitôt après les élections leur laissant une grosse majorité, mais cependant amoindris, ont senti en même temps les effets de la victoire et ceux de la défaite ; ils ont compris qu'il fallait tenter de profiter de leur succès certain, mais non assez assuré pour ne pas laisser entrevoir au loin une déroute possible. Partant de là, ils ont uni leurs forces en un seul faisceau ; c'est bien là la preuve qu'ils ont senti cette pointe de faiblesse, — et ils ont immédiatement élevé le ton, d'abord de leurs paroles et de leurs actes, de toutes leurs prétentions ensuite : de leurs paroles et de leurs actes, en évoquant la guerre civile, l'étranger ; en semant le projet du refus de budget ; en attaquant violemment les ministres qu'ils représentaient comme s'attachant au pouvoir, alors que ceux-ci n'y restaient que par le seul sentiment du devoir et de l'honneur ; en menaçant d'invalider toutes les élections, ce qu'ils n'ont pas fait en bloc, mais ce dont ils s'acquittent en détail ; en retournant à leur profit toutes les questions, tous les malheurs qu'ils osent attribuer, eux seuls coupables, aux autres, innocents : ils ont élevé le ton de leurs prétentions en disant tout bas, puis tout haut : il faut en finir ; en visant ouvertement la personne du Maréchal ; en pensant et disant seulement, se démettre.

Le Maréchal, lui, s'était engagé, car il voulait arrêter le pays sur cette pente fatale et sans fin où il roulait ; c'était franc, c'était beau, mais il fallait autour de lui une unité de conduite, une unité d'action qui seule pouvait assurer le succès ; cette unité a fait défaut, et pour un ministre qui voulait marcher droit la route, il y en avait d'autres qui tergiversaient, perdaient du temps pour finalement en arriver au résultat dont ils sont la cause; au lieu d'une réunion d'idées, d'action en une tête, il n'y avait là qu'un mélange hybride de personnalités diverses, tirant chacune pour son bord, désirant bien le succès conservateur, mais voulant chacune aussi, l'arrivée prépondérante du parti qui lui était cher.

Après l'insuccès, résultat de cette conduite, après le départ de ceux qui avaient été avec lui pendant cette période de lutte, le Maréchal s'est trouvé seul, isolé de ses compagnons de combat, et c'est alors que les républicains ont pu parler tout haut de démission, et dire au chef, qui s'était engagé en même temps que ses lieutenants, de faire comme eux, qui sont partis. C'est ainsi que, maintenant, le Maréchal est là, découvert, l'honneur engagé, ne pouvant abandonner les principes auxquels il s'est solennellement donné, ne pouvant non plus quitter la partie qu'il a entreprise et continuée sur sa parole, et dans ces circonstances difficiles, n'ayant point encore trouvé la faculté possible de prendre la décision qu'il aura jugé la meilleure.

Pour nous, bonapartistes, au milieu du chaos de l'état actuel, au milieu de ces fils que chaque jour emmêle et embrouille encore plus que la veille, notre rôle est bien simple et notre conduite toute tracée. Nous entendons nous mettre au-dessus de toutes ces choses; nous ne nous mêlerons nullement à ces compétitions, à ce bruit, que nous dominerons en le regardant et en l'observant d'en haut.

Les événements se sont compliqués sans que nous les ayons conduits; nous n'y toucherons pas maintenant : nous laisserons M. le duc Pasquier aller au Maréchal, nous l'écouterons lui dire que les opinions de l'Élysée lui semblent en contradiction avec les pratiqnes parlementaires jusqu'ici suivies; nous le regarderons, ce duc, pousser à une République dont il espère tirer profit pour ses amis, mais où, en attendant, il compromettrait et avilirait la race de son nom; nous laisserons M. Grévy se diriger vers la présidence, pour conseiller au chef de l'État de prendre à gauche un ministère, lui assurant qu'ainsi tout ira bien; nous l'entendrons dire qu'une seconde dissolution serait impossible; nous le laisserons et le regarderons faire; et quand ces messieurs, d'autres encore, auront été énoncer leurs conseils qui n'auront pu aboutir, nous, qui aurons été en dehors de toutes ces venues, qui n'aurons pas été mêlés à toutes ces intrigues, nous ne serons pas amoindris, nous serons intacts : là est notre force, et c'est par cette force calme et attentive que notre parti, quoi qu'il arrive et quand même, sera le premier.

Faites ce que vous voudrez, Messieurs, nous sommes vos spectateurs et nous attendons.

---

6 décembre.

LA PAROLE DU MAITRE

Les discours, les messages ont été prodigués. — Que celui-là maintenant qui est nécessaire ne soit pas retenu.

Au milieu du bruit confus, violent de tous ces murmures, de toutes ces imprécations, que le Chef de l'État fasse entendre sa voix.

Il n'a pas voulu, il ne vient pas de marcher le premier.

Eh bien donc, qu'il avance maintenant et que ses ennemis restent confondus.

Qu'il ne consulte pas l'un, qu'il n'appelle pas l'autre.

Qu'il parle par sa parole.

Qu'il dise : je fais cela, parce que rien ne me le défend, parce que je le crois et je le trouve bon.

Que l'on sache quelque chose, qu'il y ait quelqu'un.

Dans la tempête, c'est le capitaine qui parle et commande.

Qu'ainsi aujourd'hui, la voix du Maître domine ce flot montant, et fasse sentir à tous que la volonté est là, qui tient le Gouvernail.

Si le navire doit sombrer, que le courage, l'honneur soient saufs.

---

7 décembre.

LE REFUS DU BUDGET

On s'y attendait ; nous ne voulions pas le croire : le budget est refusé.

M. Ferry, qui nous a déjà parlé de guerre civile, est venu lire à la tribune, au nom de la commission du budget, une déclaration, par laquelle les républicains ne présenteront aucun rapport sur les contributions directes ; M. Gambetta ensuite, a ajouté que les rapports sur les lois de finances seront déposés jeudi, mais que les républicains proposeront également d'en ajourner la discussion et le vote.

Ainsi donc, voilà : — la vie du pays suspendue ; — l'armée, la marine, sans budget. — Les préfets, les juges, les ingénieurs, les employés, les fonctionnaires grands et petits sans budget. — Le service de la rente arrêté. — Vos épargnes, honnêtes paysans, le fruit de vos labeurs, perdus.

Voilà leurs moyens, aux républicains.

Ils déchirent la Constitution; pour imposer leurs Ministres, voilà leurs armes.

Il devait être donné à notre parti de protester et de tenter de détourner un pareil malheur.

Notre chef a posé la question; il l'a dédoublée, il a obligé le débat que l'on voulait étouffer; les difficultés constitutionnelles étant réservées, il a pensé que la Chambre devait acquitter cet impérieux devoir du vote du budget; — ce que les républicains n'ont point voulu; mais M. Rouher les a forcés de mettre en lumière leur grave et triste responsabilité.

Faisant ressortir la nécessité de voter les contributions directes, en vue de la prochaine réunion des conseils généraux et des graves intérêts qui doivent y être réglés; établissant que la déclaration de M. Ferry qui refuse le vote de ces quatre contributions, et celle de M. Gambetta qui annonce le dépôt des rapports sur tous les budgets, mais qui émet en même temps des conditions suspensives à leur discussion, établissant que ces déclarations soulevaient toutes deux des questions constitutionnelles ; démontrant d'une part, que les républicains émettaient un vote suspensif jusqu'à la solution du conflit parlementaire, que d'autre part, ce conflit ne pouvait laisser en suspens le vote du budget ni le vote des contributions directes, et enfin, indiquant, que lui, nous, et un grand nombre de ses collègues pensaient que le vote du budget et des contributions directes, se trouvait en dehors de ce même conflit parlementaire ; — dans ces conditions complexes, et M. Gambetta, ayant déclaré que les républicains ne donneraient le budget qu'à la seule condition que l'on cède à leurs volontés, il a demandé que toutes les questions soient réunies en une seule proposition d'ordre du jour, et discutées ; — afin que celles-là qui sont constitutionnelles, dont s'occupent spécialement et que visent les deux déclarations Ferry et Gambetta, puissent être tranchées, et qu'ainsi le tout soit porté à la face du pays, dans un débat sincère et solennel.

Et maintenant que sa demande, par laquelle il a conclu, en invitant la commission du budget à déposer son rapport sur le vote des quatre contributions directes, et en réclamant que cette résolution soit mise, en même temps què les rapports, à l'ordre du jour, maintenant que cette demande a été repoussée, nous ne pouvons plus, devant la voie brutale que les républicains ont ouverte, que plaindre notre malheureux pays.

Il y avait là deux questions : la question de vie, celle du budget ; la question constitutionnelle, celle de parti. Les républicains, alors qu'on pouvait continuer cette vie au pays tout en réservant l'examen de leurs litiges, ont préféré fouler aux pieds les intérêts les plus sacrés pour s'en faire une arme, comme le leur a dit M. Rouher, dont nous répétons les paroles :

Est-ce que la question n'est pas du plus haut intérêt ? Est-ce qu'il y a une solidarité entre le grand conflit parlementaire que vous avez retracé et les intérêts administratifs que vous laissez en souffrance ? Est-ce que l'un ne peut pas s'isoler de l'autre ? Est-ce qu'il n'est pas possible de doter nos départements des ressources budgétaires qui leur sont nécesaires, avant que le conflit parlementaire soit terminé ? Est-ce que la solution de l'une des deux choses nuit à la solution de l'autre? Est-ce que vous ne com-

prenez pas que vous prenez là une grande responsabilité?... et que vous lésez tous les intérêts administratifs, tous les intérêts départementaux, tous les intérêts communaux qui sont en souffrance? Et pourquoi? Pour avoir une arme de plus dans le conflit engagé entre le pouvoir parlementaire et le pouvoir exécutif!

A ce langage si juste et si élevé ils ont répondu non. Que sur eux retombe cette responsabilité des événements redoutables qu'ils viennent de préparer!

13 décembre.

LE RÉSEAU ORLÉANISTE

Cet article, lorsqu'il parut, était déjà hors de situation ; à ce moment, l'hésitation était comble, et toute décision tournait d'heure en heure à l'Elysée.

La combinaison Batbie, bien que retardée, se réalisera sans doute ; après toute cette série, cette succession de projets, d'événements et de résolutions diverses, nous allons entrer dans une nouvelle phase.

Absolument étrangers et en dehors de tous ces mouvements, nous pouvons juger avec une plus grande liberté d'esprit ce qui vient de se passer, et surtout apprécier plus sainement ce qui va ou peut résulter de ce nouvel arrêt dans une voie ancienne et déjà suivie.

Nous n'insisterons pas plus qu'il n'est séant sur les négociations finies, et sur toutes les fluctuations de la politique de l'Élysée, fluctuations qui ont été bien près de se résoudre en une faiblesse et une capitulation tout au moins bizarres qu'ont empêchées, lorsque le sacrifice semblait accompli, les revendications hautaines de la gauche.

Malgré toutes les difficultés de la situation et en dehors de toute considération d'opinion, il semblait étrange de voir ainsi abandonnés les principes défendus et les hommes soutenus sur parole donnée; et l'idée venait que du moment où l'on consentait aux propositions des gauches, colportage, état de siége, puisqu'on admettait des garanties pour une nouvelle dissolution, puisque l'on se livrait poings liés par l'abandon de toute autorité, prérogative ou action dans l'avenir, il valait peut-être mieux ne pas couvrir de son nom une chose à laquelle on ne participait ni de cœur ni de sentiment, et laisser à ceux qui exigeaient le soin de diriger.

Évidemment le Maréchal s'aliénait à tout jamais les conservateurs et lorsque les républicains l'auraient soumis et réduit à néant, il n'aurait plus eu pour lui et autour de lui ni conservateurs, ni républicains.

Ces derniers n'ont point accepté ; ont-ils bien ou mal fait, auraient-ils dû, eux qui du premier jour ont voulu la démission, se contenter d'une soumission complète, cela les regarde et nous ne nous occuperons pas de cette hypothèse désormais écartée; il nous faut maintenant examiner la voie où l'on va vraisemblablement s'engager. — Or, cette voie, disons-le de suite, est orléaniste ; et nous et les orléanistes, nous n'allons pas et ne marcherons pas de pair.

Le Maréchal est enlacé dans un réseau ; nous n'apprécions pas, nous constatons ; et l'influence de ce réseau va se manifester de nouveau.

Nous le déclarons, si les orléanistes sont nos ennemis, nous faisons, nous, moins que les aimer, et cela s'explique : nos allures sont tout autres. Il est deux faits marquant de leur histoire, qui semblent avoir eu une influence sur leur politique : d'abord c'est Philippe d'Orléans votant la mort de Louis XVI et appuyant par d'affreuses paroles cette honte de contribuer au meurtre de son parent ; plus tard c'est un autre duc d'Orléans, lequel, la Monarchie menaçant ruine, répand le bruit qu'au cas échéant entre le peuple et le roi, il choisira le peuple, et qui lieutenant général, écrivant à son roi qu'il se ferait mettre en pièces plutôt que de se laisser placer la couronne sur la tête, et qui prenant l'engagement formel de n'exercer le pouvoir que temporairement et dans le seul intérêt de la maison de ce même roi, accepte ensuite sans restriction ni réserve un titre qu'il qualifiait quelques jours avant, recevoir, indigne.

Depuis leur rentrée, les orléanistes ont produit ceci :

D'abord, alliés aux gauches ils ont fait la République; cette République faite et voyant qu'elle ne conduisait pas à eux, ils ont soutenu cette politique de réaction qui a produit le 16 mai ; ce mai n'ayant point tourné à leur avantage, nous les avons vus de nouveau s'allier aux gauches ; de plus tandis qu'un courant mène une partie des leurs à une nouvelle résistance, un autre veut les conduire à l'entente et à la soumission : de leurs deux chefs, l'un M. de Broglie, soutenu par M. Buffet, tire à droite, l'autre M. d'Audiffret, aidé de M. Bocher, tire à gauche, et cela pourquoi? parce que leurs principes sont mobiles, parce que le premier se dit que si la gauche vient au pouvoir, c'en est fait de son parti, tandis que le second voit au bout la démission, et espère ainsi, peut-être pour lui, une Présidence, supérieure à celle du Sénat.

Au fond, dans tout cela, nous avons eu, nous avons là conspiration d'un parti sans racines, sans appui, d'un parti qui nous a fait souffrir pour la République et qui pour arriver, ne craindrait pas de nous en faire mourir.

Nous le disons bien nettement : ils vont sans doute amener toujours dans le même esprit une demande de dissolution nouvelle, nous verrons alors ce qu'il nous conviendra de faire ; mais en tous cas, nous n'entendons point cette fois faire campagne avec eux ; notre caractère est franc ; nous avons de sérieux griefs ; nous avons surtout contre leur mode d'agir la répulsion instinctive du bonapartiste ; nous nous souvenons aussi, ce sont de petites choses, il est vrai, mais les détails forment et indiquent l'ensemble, nous nous souvenons qu'aux élections nous avons fait passer l'amiral Touchard, tandis qu'ils repoussaient M. Bartholoni ; lors des engagements pris pour l'élection de 4 sénateurs M. de Chabaud-Latour réunissait 7 voix de plus que M. Grandperret, lequel n'arrivait ensuite que par l'adjonction de ses deux coélus, qui ne pouvaient, par le fait d'une candidature commune, l'abandonner comme l'avaient fait leurs amis; puis dernièrement M. de Larcy réunissait 146 voix et M. F. Barrot 142 seulement; il y avait engagement; nous votions pour eux; eux pas pour nous : qu'ils nous expliquent cela; qu'ils nous donnent de bonnes raisons.

Non, voyez-vous, messieurs les orléanistes, vous n'êtes point avec nous, nous ne serons pas avec vous; vous êtes nos ennemis, nous ne serons point vos amis. Faites, agissez; nous ferons, nous agirons aussi; vous n'avez aucune base, aucun point d'appui; vous dites : il faut en finir; eh bien! finissez-en; vous pensez, vous dites aussi: il faut supprimer le suffrage universel; supprimez-le donc! Allez, allez, nous sommes tranquilles, vous savez bien que le peu qui vous reste croulerait avant lui; et c'est ce suffrage universel que vous méprisez et qui vous repousse chaque jour davantage, c'est lui qui chaque jour davantage aussi vient et s'approche de nous, car il a compris qui vous êtes, et il sait que nous, nous puisons en lui notre principe, notre autorité, établie sur la double et large base de la démocratie impériale et de la souveraineté populaire.

16 décembre.

LE MARÉCHAL — LE CABINET LA RÉPUBLIQUE

La solution nouvelle a été rapide; elle est complète.

Ce qu'a décidé le Maréchal, nous n'avons point à l'apprécier ni à le juger; nous ne l'apprécierons et ne le jugerons donc pas; il a pris un parti, c'est bon.

Cependant, il nous est permis de connaître toutes les si pénibles angoisses par lesquelles, avant cette résolution suprême, a passé cette âme de soldat.

Pauvre Maréchal ! nous le plaignons sincèrement ; quelles tortures ! A-t-il dû souffrir, lorsqu'il a fallu abandonner les hommes auxquels, dans la grave circonstance d'un manifeste à la nation, il avait promis soutien ferme et énergique protection ; a-t-il dû souffrir, lorsqu'il s'est vu ne pouvoir achever cette tâche, qu'il avait entreprise avec le concours de ceux qu'il appelait ses auxiliaires, maintenant seuls et délaissés ; a-t-il dû souffrir, a-t-il souffert quand obligation lui a été signifiée d'apposer son nom au bas d'un acte rétractant ses paroles et sa conduite passée !

Ah ! nous comprenons combien il a saigné, ce cœur sans tache, nous les voyons ces angoisses de cet homme d'honneur intègre, lorsqu'il n'a pu retenir cette phrase : « Je suis le plus malheureux des hommes ! » lorsque, répondant à quelques députés envoyés pour une extrême visite, il s'est arrêté ému, la tête penchée sur la poitrine, ne pouvant refouler le trop plein de sa vive douleur.

Dieu veuille que ce pouvoir qu'il a jugé plus digne de conserver, ne lui soit pas un jour brutalement ravi ; puisse-t-il aussi ne jamais regretter ne n'avoir pas dit à ses adversaires : La voie que je crois seule bonne, m'est barrée, je ne puis vous suivre, je vous laisse ; avec mon successeur, j'en forme le vœu, que la France soit heureuse !

La nouveau cabinet n'a pu être orléaniste, les constitutionnels ayant été peu nets et francs, ayant tantôt décidé de voter une seconde dissolution éventuelle, tantôt dit qu'ils n'accorderaient cette dissolution qu'après l'essai d'un cabinet parlementaire; ils l'ont, ce cabinet parlementaire, et il est républicain.

Les ministres, est-il besoin de le dire, n'ont aucune de nos sympathies; tous du reste sont nos ennemis; ils nous détestent et ils nous poursuivront de leur haine: nous les laisserons faire et ne nous en préoccuperons pas, car il n'est donné, ni à eux ni à personne, de détruire un principe, d'atteindre, de supprimer la confiance, la foi, et la nôtre est et restera intacte, et toute-puissante.

Leur situation paraît actuellement bonne, mais il est probable que bientôt les convoitises et les appétits vont se manifester, et cet état, qui semble tout d'abord si favorable pour le parti victorieux, se chargera bien vite de complications nombreuses et faciles à prévoir.

Nous avons été déjà de M. Dufaure à M. Simon, en passant par MM. Ricard et de Marcère; il n'est pas absurde de préjuger et on est en droit de croire que cette fois le sacrifice étant complet et les gauches seules maîtresses, M. de Marcère peut nous conduire à de plus redoutables lui-mêmes, et se trouver entraîné malgré lui, vers ce que nous craignons, cet inconnu tout rempli de menaces, la vraie et fatale révolution.

Déjà les radicaux lèvent la tête; insatiables, ils sont mécontents. Nous ne voulons pas de soumission, disent-ils ; assez de plâtre, nous voulons du mortier et du solide ! Leur solide, vous l'entendez, ils le veulent et il le leur faudra.

Cette fois, la République existe, ce n'est plus un vain mot : cette mention de « République Française » portée sur les actes et sur les affiches du gouvernement, où elle s'y dissimulait à regret, va s'y reposer tout au large; c'est bien elle, la République, nous la verrons à l'œuvre.

Les ministres nous on dit : « La fin de cette crise sera le point de départ d'une nouvelle ère de prospérité. » Nous attendons, nous espérons cette ère nouvelle, cette prospérité tant désirée. Ils la promettent ; nous voudrions qu'ils nous la donnent ; ils ont la direction complète, c'est le moment ; s'ils peuvent quelque chose, ils peuvent tout ; ils sont les maîtres et leurs adversaires sont battus.

Les républicains l'emportent, mais nous ne

sommes, nous, nullement atteints ; dégagés des entraves de nos dangereux alliés, nous voïci seuls, respectueux des lois, mais libres.

Notre rôle maintenant est de regarder, d'observer.

Nous regarderons, nous observerons.

Le grand courant bonapartiste va tout seul et tout naturellement grossir ; notre pensée s'étendra par toutes les fautes commises ; et à l'époque légale de la révision, le parti impérial, notre parti, n'en sera que plus fort et ne s'en dressera que plus fier, au jour où seul resté debout, il revendiquera l'*Appel au Peuple*, pour nous, pour tous peut-être alors, le seul salut, l'unique et suprême espoir de la chère patrie.

---

2 janvier.

AVANT LA RENTRÉE

NOTRE CONDUITE

La Chambre revenant dans quelques jours en séance, et par suite les partis allant reprendre leur action et leur lutte, nous croyons bon et il nous convient de dire quelle sera notre attitude dans les circonstances actuelles, quelle doit être et quelle sera notre conduite à travers les événements que nous pressentons devoir arriver et se succéder tour à tour.

Donc nous dirons. Notre conduite sera expectante, nous expliquerons tout à l'heure comment et pourquoi; notre attitude sera hostile, c'est-à-dire que nous assisterons à l'essai républicain, résolus à le précipiter ou à l'enrayer à notre guise. — Auparavant, il nous faut, non pas reprendre tous les faits passés, point de départ de notre conduite à venir, mais cependant, sans remonter aux origines de l'état actuel, connues de tous, nous devons examiner les événements qui sont de nature à nous guider, et qui ont préparé et posé nos déterminations. Nous irons du reste rapidement.

Du 14 octobre, il était clair que le gouvernement qui n'avait point montré vigueur et décision, pendant, n'élèverait pas, après, l'énergie de son caractère au niveau de la situation, et ne viendrait pas à la dominer de toute la hauteur de cette énergie ; c'est ainsi qu'il s'est produit des hésitations sans fin, qui, pendant un mois, nous ont ballottés de compétitions en intrigues, dont nous étions spectateurs, désolés pour le pays, mais pour nous, curieux.

Ces intrigues, que nous ne rappellerons pas par le menu, se sont résolues en la démarche extrême d'une trentaine de constitutionnels, qui, le ministère de dissolution terminé, voyant qu'au bout l'Empire était là, ont été par haine de lui trouver le chef de l'État, et lui exprimer dans une visite officieuse leurs craintes et leurs regrets.

Le Maréchal, au fond orléaniste, a eu peur; mais ne voulant pas aller à gauche, il aurait préféré donner sa démission; l'on dit même que, s'il est resté à la tête du gouvernement, sa détermination est due à quelques démarches des cabinets étrangers, avec lesquels il se trouvait en relations, ou rapports d'amitié.

S'il fallait en croire une indiscrétion, l'abnégation du Maréchal aurait été grande: J'ai consacré ma vie à mon pays, aurait-il dit, je lui ai donné mon sang, on me demande maintenant le sacrifice de mon honneur, je le ferai, je le fais encore pour lui. Nous admirons ces belles paroles; nous désapprouvons le silence qui les a accompagnées; il aurait dû, non pas dire, mais permettre que chacun découvre ses motifs, et laisser cette honte reçue, et dévorée pour la République.

Tels ont été les préliminaires et les bases de la venue au pouvoir de la gauche; telle maintenant sera, dans la situation nouvelle faite de la sorte, et parachevée sans nous et en dehors de nous, notre conduite et notre attitude.

Notre conduite sera expectante. —

Nous assisterons à l'essai de la République et verrons faire les républicains.

Il n'y a pas eu de plébiscite, on n'a point donné cette sanction souveraine, que seuls nous n'avons cessé de réclamer, cependant il n'en est pas moins vrai que les élections ont été républicaines : il y a eu pression du gouvernement, il y a eu intimidation de la gauche, nous estimons que ces deux effets contraires ont annulé leur résultante et dès lors le résultat ayant été la République, nous devons nous incliner, et nous soumettre à l'essai d'une volonté qui a été manifestée d'une façon répétée et précise.

Tous les nouveaux arrivés nous ont dit que la République était définitivement fondée en France : définitivement, nous pensons tout le contraire, mais il est évident qu'elle est fondée ; ils nous ont répété sur tous les tons : la République est un gouvernement d'ordre, de conservation, de liberté et de progrès, c'est un gouvernement d'apaisement et de réparation ; si leur République nous donne cet ordre, cette liberté, si elle nous mène au progrès, si elle nous fait goûter la tranquillité, le repos, si elle maintient les passions mauvaises et si elle favorise les efforts généreux, si en un mot elle amène une suite durable de calme et de prospérité, oh ! alors nous dirons : Ce que nous cherchions, c'est le bien, ce que nous voulions, c'est lui, il est là, fait sans nous, c'est vrai, mais qu'importe, tant mieux !

Si la République fait cela nous ne nous ; mêlerons pas à elle, non, nous ne nous rallierons pas à la servir : nos souvenirs et nos affections sont ailleurs et y demeureront ; mais désirant et cherchant avant tout, comme notre prince, le bonheur et la grandeur de notre pays, nous n'entraverons pas une marche calme, régulière, féconde, et gardant dans nos cœurs l'expression de tous nos regrets, de toutes nos espérances, nous nous tairons ; nous servirons notre pays, et aiderons à sa prospérité.

Notre attitude sera hostile. —

Nous n'abandonnerons point nos droits ; nous resterons l'ordre dans la démocratie.

Nous ferons entendre nos revendications et nos protestations ; qui reposeront toujours, à l'inverse de nos ennemis, sur une idée juste, non inventée, sur une donnée positive et non échafaudée pour les besoins d'une cause ; c'est ainsi que nous avancerons, que nous nous élèverons, car ce qui est juste, ce qui est vrai, ne peut se montrer par une définition si bonne qu'elle soit, mais finit toujours par s'imposer, par le seul fait de sa donnée, de sa base de vérité et de justice.

A notre sens, et nous en sommes sûrs, la République, suivant une parole illustre, et que n'oseraient pas désavouer les républicains, doit verser dans l'imbécillité ou dans le sang; aujourd'hui nous sommes la minorité, mais chaque jour les appétits grandissant; la gêne, la misère, la ruine s'accentuant et des villes gagnant les campagnes, nos rangs, chaque jour aussi, seront grossis; tous les désabusés des fléaux, des terreurs conduites et amenées par la République, viendront à nous, à nous qui aimons le peuple, qui sommes la souveraine expression de ses droits et qui serons l'extrême sanction de sa volonté.

L'extrême gauche commence déjà à se plaindre; bientôt elle réclamera vivement, il lui faudra des places; on lui fera des concessions, des avances : elle ne sera point satisfaite, elle voudra davantage; on continuera à lui parler de conciliation, d'unité : elle répondra par mystification et duperie; car enfin les paroles et les promesses, c'est bel et bon, mais cela n'a qu'un temps, il faudra un résultat effectif, et ce résultat, les radicaux le veulent et ils l'exigeront.

Le Maréchal, d'autre part, qui n'est encore que fatigué, qui solitaire peut trouver maintenant au fond ne son âme une force assez puissante pour le soutenir au milieu de ses larmes, ne pourra plus bientôt continuer cet effort violent; la fièvre accroît les forces, mais vient ensuite l'abattement et la faiblesse; le Maréchal, au milieu de complications nouvelles, ne pourra plus; la fatigue l'emportera et il s'en ira.

Alors, la République marchera sans lisières, et elle devra compter davantage encore avec les exigences de ses alliés radicaux; elle poursuivra plus accentuée chaque jour; après les réparations demandées contre les serviteurs de la période déchue, viendront les châtiments réclamés contre de nouvelles victimes.

Il est facile de critiquer, il est facile de combattre des mesures prises, des abus supposés; de promettre des perfectionnements et des réformes, quand, par le défaut de puissance on est empêché d'en assurer l'exécution; mais ce n'est pas tout; quand ceux qui ont critiqué, combattu ou promis, sont au pouvoir, ils doivent exécuter ce qu'ils ont dit, ils sont forcés et contraints de tenir ce qu'ils ont promis : après et avec la puissance doit venir l'action.

Les républicains ont parlé d'économies, il faut qu'ils les réalisent ; ils ont assuré le bien-être des affaires, ils doivent l'amener ; ils ont annoncé des alliances, il faut qu'ils les contractent ; ils ont émis des réformes, ils doivent les proposer et les mettre en vigueur.

S'ils tiennent ces contrats, nous nous inclinerons, mais comme au lieu d'économies, ce ne seront que dépenses nouvelles ; comme les affaires, ne prospérant pas, ne cesseront au contraire de devenir de plus en plus mauvaises ; comme la défiance des puissances sera encore accrue, comme leurs réformes auront été nulles, onéreuses ou nuisibles, notre devoir sera de lutter et nous n'y faillirons pas : nous ferons voir, et les illustrations de notre parti sont là, preuve que cela nous est facile, nous ferons voir notre supériorité dans les questions d'affaires, de dignité, d'intérêt, de bien-être général, dont ils parlent sans y rien connaître ; nous les ferons toucher du doigt à ce peuple qui n'aura cessé de souffrir, et qui fatigué de cette voie qui mène à tous les excès, reconnaîtra que la démocratie républicaine est fausse, et ne peut rien pour lui.

Ayant souffert par eux, ayant compris par nous, il se tournera vers l'Empire, qui seul a fait et qui seul peut réellement faire beaucoup pour les masses ; nous sommes la réserve de la démocratie, et nous apporterons au peuple cette somme de repos, de travail et de richesse que tout gouvernement a devoir et mission de lui fournir, non, de lui donner.

5 janvier.

LA DÉSORGANISATION DE L'ARMÉE

L'affaiblissement, la désorganisation de l'armée, voilà ce que veulent les républicains, voilà ce qu'ils ont toujours voulu, et nous allons le prouver.

Il y a quelques jours, le parti républicain, affectant une allure inquiète, se mit, d'après sa coutume, à parler, dans son langage spécial, de personnages qui auraient exercé une influence particulière sur le pouvoir, d'un complot qui était tramé, on ne savait par qui, mais qui était préparé, dont une circonstance particulière aurait empêché l'exécution, etc., etc.; bref, c'était suivant leur tradition, le ballon d'essai de l'histoire

Labordère ou affaire de Limoges, qu'ils voulaient faire mousser et exploiter, et, en s'appuyant sur un accident isolé, l'étendre, le monter, et en arriver à attaquer les grands commandements militaires, leur but, pour continuer cette œuvre de déconsidération et de démoralisation de l'armée, de l'armée qui est la nôtre, celle des honnêtes gens, qui l'aiment et l'admirent, et non celle des communards qu'elle méprise, et qui voudraient l'éclabousser de leurs souillures.

Il a été donné quantité de versions diverses sur cette affaire de Limoges, dont la dernière, officielle, vague et contournée, n'explique rien ; c'est républicain, mais ce n'est pas clair. En éalité, voici les faits : Les gauches ayant manifesté l'intention de résister à un second vote qui pouvait les dissoudre, le ministère d'alors, — nous n'étions point encore aplatis en République, il ne faut pas l'oublier, — le ministère avait donné aux chefs de corps des ordres pour empêcher toute réunion illégale des représentants, à Besançon Lille, Limoges ou ailleurs, et aussi pour réprimer vivement, c'est-à-dire sainement, toute tentative éventuelle d'émeute. Dans ces conditions, le général Bressolles, mis en disponibilité depuis, semble avoir exagéré les ordres transmis, et ayant assemblé les officiers dans une salle de la caserne, leur aurait fait une allocution de coup d'État ; le major Labordère se serait avancé, et aurait refusé, dans ce cas, d'exécuter l'ordre transmis.

C'est tout. — C'est beaucoup sans doute, et les officiers et nous, estiment que le fait est grave, mais il est isolé, et ils disent bien justement, qu'après la punition, il aurait dû n'en être plus parlé ; tandis, en effet, que le sentiment de l'honneur commandait de taire cette incartade poussée par la fatalité, mais nous en sommes sûrs, amèrement regrettée aussitôt, le patriotisme républicain, lui, a jugé qu'il y a avait là matière au développement de ses rancunes et de ses désirs, pour entreprendre et renouveler une campagne de démoralisation, et il en a profité !

Finissons-en donc avec cette histoire de Limoges. C'était un coup d'État, disent les républicains ; croyez-vous donc que si on avait eu l'idée d'un coup d'État qui mérite ce nom, on irait dire au général d'assembler ses officiers, et leur faire des discours pour les en prévenir ? Vous êtes bien naïfs, républicains, ou semblez vouloir l'être ; l'ordre aurait été donné au dernier moment, et les officiers auraient été prévenus par le seul fait accompli, vous le savez bien; autrement, vous le savez bien aussi, ce ne serait plus un coup d'État, mais le coup d'une bêtise manquée.

Allez, continuez, c'est affaire à vous; une candidature, une couronne civique, la souscription d'une épée d'honneur pour ce malheureux major tombé sans le vouloir entre vos griffes, ce n'est pas trop et vous êtes dans votre rôle; mais où nous ne comprenons plus, c'est que le gouvernement ait toléré le scandale d'une pareille souscription, qui pervertit l'esprit public, affaiblit tout respect, toute autorité, et dont le but est la déconsidération et le discrédit; c'est là un fait inouï. Nous avons déjà vu insulter grossièrement un Maréchal, chef d'Etat; nous voyons maintenant glorifier un acte auquel il fallait seul le silence et l'oubli; par tout cela, on peut dire qu'un pays est bien malade.

Et ce qu'il y a de plus fort, c'est que ce sont précisément ces gens qui crient au respect de la loi inviolée, qui en face de l'ennemi ont renversé la loi et envahi avec les gardes nationaux, M. Picard, en cette affaire leur général en chef, envahi le Corps législatif et fait cette révolution si utile à ce même ennemi.

Il faut que les soldats aiment la République, disent les républicains; il faut qu'ils lui soient dévoués; il faut qu'elle soit à nous, disent-ils, l'armée, elle doit être à nous. Eh bien! non, elle ne vous est pas dévouée, elle n'est pas et ne sera pas à vous: tout ce que vous avez dit, tout ce que vous dites sur elle, tout ce que vous avez fait et faites contre elle, tout cela l'éloigne à jamais de vous, et nous est le garant qu'elle ne vous approchera non plus jamais.

D'abord, vous n'en voulez pas d'armée, vous qui avez dit que la nation doit être en armes tout entière, vous qui avez demandé une armée qui n'en soit pas une, vous dont le chef a pour programme, programme de Belleville qui tient toujours : plus d'armée, plus d'armée permanente.

Non, l'armée n'est pas à vous, l'armée qui après avoir versé son sang pour la patrie a dû le répandre encore pour protéger la France de vos coups; citez-en un, un seul officier qui soit de ce parti, qui en face du Prussien vainqueur a tiré et assassiné nos soldats, citez-en un, nous vous en défions. Vous avez eu Cremer, Eudes et Rossel, morts ou fusillés, ce sont là vos gloires ; vous n'avez plus rien, et vous aurez beau battre votre grosse et lourde caisse autour d'un major qui s'est trompé et a eu un moment d'oubli, nous ne croirons jamais qu'il est celui que vous dites, et même le fût-il que nous ne le croirions pas encore, pour l'honneur de cette armée même, trahie et insultée par vous.

L'armée ne peut pas être à vous, vous dont la première règle de tradition révolutionnaire est de subordonner les chefs militaires aux politiques et aux civils ; et comment cela serait-il quand au contraire elle, elle possède au plus haut degré ce sentiment de respect, de hiérarchie, de discipline, premier devoir et première leçon écrite en tête de la théorie du soldat !

L'armée ne sera pas à vous qui avez dit qu'il ne devait plus y avoir de soldats, mais seulement des citoyens, qui avez dit encore, qu'inutile au dedans pour la justice, le soldat n'est pas même nécessaire à la frontière.

Elle n'est pas et ne peut pas être à vous qui avez remplacé par vos commissaires spéciaux, des généraux éprouvés, qui avez sacrifié un grand corps de soldats aux intérêts de votre gouvernement et aux plans d'un ingénieur devenu ministre, jadis dans sa chambre second grand tacticien en chef; elle ne sera pas à vous dont l'un, au 4 septembre, député, et nous vous en citerons le nom si vous voulez, demandait à votre Gambetta la destitution immédiate du général d'Aurelles à Marseille, et qui, la réponse n'arrivant point assez vite, le destitua de son chef, lui et le colonel Camo, pour les remplacer par un sous-intendant, condamné plus tard à mort pour avoir participé aux émeutes de la ville ; elle ne sera pas à vous qui, après avoir révoqué de son commandement le général de La Motte-Rouge, et cela par un arrêt daté du jour même où il se battait devant Orléans, vouliez ensuite le faire passer devant un conseil de guerre parce que le dictateur lui avait envoyé l'ordre de vaincre et qu'il n'avait pas vaincu ; elle ne sera pas à vous dont vos MM. Gambetta et de Freycinet, improvisés professeurs de tactique et de stratégie, imposaient au solide et fier soldat, le général d'Aurelles, leurs projets et leurs plans ; elle ne sera pas et ne peut pas être à vous qui, après avoir sacrifié le général Crouzat, avez rejeté sur le vainqueur de Coulmiers, auquel vous aviez imposé l'ignorance de vos ordres, toute la responsabilité que seuls, et nous pouvons vous citer vos dépêches, que seuls vous aviez eu la funeste audace d'oser et de prétendre assumer.

La Motte-Rouge, d'Aurelles, Crouzat, des Pallières, destitués, l'armée de la Loire sacrifiée par MM. de Serres et Freycinet, tout cela n'est rien, nous en oublions bien d'autres : et le camp de Conlie, où les soldats mouraient dans la boue ! et les fournisseurs républicains vendant des fusils hors d'usage et des souliers de carton ! et le général Mazure arrêté à Lyon, et des étrangers, des repris de justice exaltés, et Garibaldi glorifié, Bordone officier supérieur, et l'armée de l'Est oubliée, et pour finir, notre vaillant Bourbaki accusé sourdement, qui pour vous échapper tente de se faire sauter la cervelle !

Jamais après cela, après tout ce qu'elle a vu de vous, l'armée n'ira à vous : elle comprend ses devoirs, et vous avez beau dire, beau faire, vous ne détruirez pas cette cohésion, cette unité qui la tient et qui va, en les reliant étroitement l'un à l'autre, du simple soldat au maréchal de France.

Le soldat vénère son chef, l'officier honore son supérieur, les uns et les autres, suivant leur grade, s'aiment, s'apprécient ou se respectent, et il en serait ainsi, et c'est ce sentiment de devoir que voudraient détruire les républicains, et il en serait ainsi, n'y eût-il que le seul motif qu'ils doivent s'apprécier, se respecter, s'aimer.

Cette déconsidération, cette désorganisation que vous cherchez, à laquelle vous travaillez, vous ne l'obtiendrez pas; vous et vos députés oseront en vain proposer des réformes sur l'armée, comme l'un d'eux, civil, le fait actuellement; plus bas, tout ce qu'il y a de malsain, de vil dans la populace pourra venir grouiller autour des régiments, tenter en se faufilant de les dissoudre, et sous leur masque de frères, comme ils disent, essayer de corrompre les soldats, en les salissant de leur boue : tout cela ne fera rien, ne corrompra rien, et nous ne nous abaisserons pas à le prouver; il n'est pas besoin de raisons, l'armée est l'armée, et il nous suffit de voir les deux mots de cette simple médaille, que le général aussi bien que le soldat porte fièrement gravés sur la poitrine : HONNEUR ET PATRIE.

---

9 janvier.

LES ÉLECTIONS MUNICIPALES

Les élections municipales sont mauvaises ? — Mais non, pas du tout, elles sont bonnes, excellentes, puisque nous sommes en République, et que des républicains, des radicaux sont nommés.

Les élections sont mauvaises ! Voilà ce que vous dira le bon parlementaire, le républicain resté honnête. — Parbleu ! oui, elles sont mauvaises et c'est tout simple. Elles sont mauvaises, par la suite naturelle des petits faits ou circonstances qui les ont amenées ou précédées ; mais elles sont surtout mauvaises par la faute de la grande circonstance où nous existons, par le tout grand fait de la République. — Les conseils municipaux devant nommer les délégués aux élections sénatoriales, délégués chargés de renforcer ou de renverser la majorité conservatrice, le première préoccupation des nouveaux ministres a été de préparer le terrain, pour l'arrivée aux conseils, des politiques nécessaires à la réussite des futures élections du Sénat ; les aptitudes, la capacité, l'intelligence ou le mérite, tout cela n'était point demandé et ne devait point l'être, la situation même d'étranger à la commune importait peu ; était-on républicain plus ou moins bon teint, plutôt plus que moins, gros mangeur de conservateurs ou aboyeur de l'Empire : bon, très-bien, parfait, plus que parfait.

Pour se procurer ces bons conseillers et affermir la République fondée, il fallait modifier rapidement le personnel départemental, et faisant sentir toute la radicale modification du gouvernement, donner du cœur, non aux timides, mais aux mauvais, devant dorénavant se sentir appuyés et soutenus : — et ceux qui douteraient de cet appui pour les radicaux n'ont qu'à comparer leurs allures anciennes, basses, rampantes, et leur tenue actuelle, le chapeau mou campé sur l'oreille, levant la tête haute, toute remplie de leur morgue.

Le ministre de l'intérieur n'a rien négligé, il a d'abord adressé aux préfets une circulaire pour leur donner des instructions relatives au remplacement des maires imposés, de façon à mettre ces agents dans l'impossibilité de présider aux élections municipales ; l'impulsion donnée, les préfets demandaient aux commissions municipales, remplaçant les conseils, leur démission immédiate, et si les maires, adjoints et membres de ces commissions n'avaient point la pudeur, c'est comme cela qu'ils parlent, la pudeur d'obéir de suite, ils leur adressaient des lettres plus ou moins insolentes, annonçant suspension immédiate et mettant à leur place en fonctions les maires et anciens conseils révoqués.

Avec cela, toute leur réorganisation administra tive, c'est-à-dire tous les préfets, les secrétaires généraux, les sous-préfets, les juges de paix remplacés, toutes ces nominations, ces places formant par jour jusqu'à dix-sept colonnes officielles rangées ; joints aussi à cela les cercles républicains réouverts, les cafés, les clubs où l'on pérore, les cercles socialistes, réouverts aussi et bondés à neuf, les commissaires de police cantonaux supprimés en grand nombre : il y avait là de quoi poursuivre cet élan de l'intrusion de la politique et donner un assez bon appoint à cette cause municipale.

Mais le fond même de la réussite, de leur succès, ne tient pas à ces petits motifs secondaires en eux-mêmes ; il aurait été, sans ces intimidations et malgré tout ; car il est dû au fait seul de la République, de la République qui se prépare et s'annonce elle-même, bientôt violente et déchaînée.

Dans les temps comme ceux-ci, où les honnêtes gens, les conservateurs, si vous voulez, n'ont pas de chef, ils se découragent et s'abstiennent ; et puis ils répugnent à se faire les adversaires, et se mettre en face d'individus dont ils n'ont ni le ton, ni les manières d'être ou de langage ; il leur faudrait, alors que la politique est introduite dans ces sortes d'affaires où elle n'a rien à voir, il leur faudrait descendre sur la place, faire de grands gestes, leurs grands bras, le coup de poing même, comme les radicaux, et ils reculent, ils restent chez eux attendant la fin de la bourrasque, et, laissant les affaires du pays à la direction de ceux qui les ont prises, s'occupent de leurs intérêts industriels, commerciaux et scientifiques.

Et que pourraient-ils faire lorsqu'un ministre

reçoit avec condescendance et toute la considération due à de si hauts personnages, une petite masse de conseillers généraux venus pour des demandes et des exigences qui ne les regardent en rien, et presque toutes accordées ; lorsque l'esprit et le sentiment respectifs des individualités est assez bouleversé et retourné pour qu'un général plaide les circonstances atténuantes près d'un maire républicain, et se fasse petit garçon devant lui ; lorsque l'on dit tout haut qu'il faut en finir avec le principe d'autorité et tout ce qui est le fondement et le point d'appui de notre société ; lorsque l'on entend les dénonciations républicaines, d'enquête, surenquête, contre-enquête, répondant aux mots républicains de trahison électorale, trahison, conspiration cléricale ou militaire.

Que voulez-vous qu'ils fassent, les honnêtes gens ?

Ce qu'ils font ; ils ne peuvent rien d'autre que montrer tous ces vices, dévoiler toutes ces plaies, et attendre de l'excès du mal le retour à une conduite, à un état sain et régénéré.

Tout se défait, se détraque du haut en bas, mais le pays respire, dit le républicain.

Nous avons déjà le vœu de l'amnistie, d'une amnistie plénière, renouvelé au lendemain du décret annulant un même vœu précédent, et renouvelé par ceux qui, représentants de Paris, veulent y ramener et ne pourraient y ramener dans ces temps troublés que de nouveaux pétroleurs et incendiaires ; nous avons le comité des Dix-huit imposant sa volonté aux ministres ; nous avons eu des émeutes à Arles, à Avignon, à Marseille.

Nous aurons le refus du budget, la chute de M. Dufaure, le départ du Maréchal ; nous en verrons de fortes et de drôles, si l'on peut dire cela dans un cas aussi grave.

Jamais cela ne s'arrête en République, autrement ce ne serait plus la République ; aujourd'hui ce sont MM. Dufaure et de Marcère, demain on reprochera à M. Dufaure de n'avoir point été à l'enterrément de M. Thiers, on le jettera à bas, et ce sera M. de Marcère seul, ensuite ce seront d'autres et toujours d'autres, de plus en plus accentués, jusqu'au jour non pas de la guillotine, nos jacobins ne sauraient pas la monter, mais jusqu'à l'heure du meurtre et de l'assassinat au coin du mur ; et les communards à venir se donneront le nouveau plaisir de tirer au vol en leur faisant sauter une haie, nous ou d'autres, nouveaux Dominicains d'Arcueil.

Et voilà où nous mène une élection municipale ; c'est peut-être un peu loin, mais ce n'est point exagéré.

---

12 janvier.

QUE LE MARÉCHAL LAISSE CELA!

La campagne a réussi.

Le général Ducrot est révoqué.

Le premier coup est donné, à bientôt le second.

Ducrot, vaillant soldat, grand caractère, trois fois blessé, plus de quarante ans avait servi la France.

Le nom du général importe peu, le fait seul frappe; et ceux qui, au mois passé encore, couvraient de leurs injures haineuses le chef soumis, ne sauraient prétendre à arrêter ni le gémissement de notre plainte, ni le cri de la conscience publique révoltée.

Le Maréchal s'en ira.

Il était préparé à l'humiliation du vainqueur arrogant dans sa victoire; après avoir souffert pour son abnégation, il avait trouvé en lui cette force, qui fait marcher l'œil clair au-devant du danger, qui tient le front haut à la gueule du fusil de l'insurgé.

Il a fait, c'est lui qui l'a dit, le sacrifice de son honneur.

Mais il est une limite.

Le Maréchal s'en ira.

Qu'il laisse donc cela qu'il doit bientôt pousser du pied.

Qu'il ne couvre pas de son nom cette marchandise.

Qu'il précipite un peu le jour où son âme révoltée lui dira : C'est assez !

L'armée était intacte.

Ce n'est point lui qui peut porter la main sur ses compagnons victorieux de Magenta, sur ses frères vaincus de Reischoffen et de Sedan !

13 janvier.

VICTOR-EMMANUEL — L'EMPIRE ET LA RELIGION

Victor-Emmanuel mort, conduit à sa demeure dernière : celui qu'il avait persécuté, s'agenouillant et priant pour lui.

Il est dans cette fin un grand enseignement, un spectacle qui console et repose : là le vieillard vivant, le front courbé, se prosternant dans sa mission sainte, de consolation, de prière et de pardon ; ici le roi, se préparant à mourir, appelant à lui la bénédiction du pontife, et humilié dans son extrême soupir, pour les bienfaits, devant la route du ciel.

Il est un grand exemple, dans cette union de

deux pensées, dans cette communauté de deux âmes, où le grand souverain, malgré lui proscripteur, demande aide, protection, lumière à celui que les tendances et les nécessités du gouvernement l'ont obligé et condamné à poursuivre, à celui qui ne voit, qui ne connaît, qui ne pratique que l'oubli, la charité, le pardon.

Il est là un grand enseignement et un grand exemple pour tous ; pour nous surtout, sur qui un souffle passe qui avilit, qui nous brûle et nous dessèche.

De ce qui est noble, de ce qui est beau, de ce qui fait l'homme viril et grand, par la révolution, il ne restera bientôt plus rien ; et c'est ainsi qu'au milieu de toutes ces petitesses, de toutes ces rancunes qui abaissent et qui dégradent, qu'environné de toutes ces passions qui agitent et convulsionnent, l'esprit sain, l'esprit droit se recueille ; et laissant pour un instant cette confusion, cet amas vil, vain, l'âme repue se plaît à regarder les tableaux consolants qui l'élèvent, et où elle peut dominer d'en haut toutes ces vaines misères, toutes ces perfides et pauvres menaces.

Il est trois principes qui nous guident vers le bien, qui nous détournent du mal : — Dieu, le

Devoir, le Juste. — Nous avons la Justice, l'Armée, la Religion.

La révolution s'attaque à la justice ; elle a déjà atteint l'armée ; la religion, obstacle, arrêt à ses entreprises, elle ne peut la supprimer, elle le sait, mais elle voudrait l'amoindrir, la faire petite, mesquine et basse, à sa mesure à elle ; elle ne l'a pas supprimée, elle ne l'a pas encore réduite ; qu'elle le sache, elle ne la réduira pas.

L'Empire, et ce n'est pas sa moindre gloire, le Bonapartiste, et ce n'est pas sa moins légitime fierté, a la confiance, la foi : il croit en Dieu.

Il est un mot dont se sert chaque jour la révolution, et sur lequel elle revient sans cesse, croyant atteindre ses adversaires par le sens et l'injure qu'elle y attache : le péril clérical, l'invasion cléricale ; cléricaux ! qu'est-ce que cela veut dire ?

Si par là, révolutionnaires, vous entendez ceux qui dévoilent vos plans, ceux qui veulent résister à vos entreprises de malheur, à vos projets de crime, ceux qui voudraient vous voir pris au collet et mis dans l'impossibilité de nuire, et qui ne désespèrent pas de voir cela un jour ; si vous entendez cela, oui, nous sommes cléricaux et nous en revendiquons hautement le titre avec ce parti dont nous respectons la tradition, et qui, si contre nous il dévie parfois, nous a respecté lui aussi, et nous respectera encore.

Vous avez l'envie, le mépris, toutes les haines; celle de nous, celle du bien, celle de Dieu ; mais si vous nous détestez, révolutionnaires, nous vous exécrons et vous méprisons encore davantage. Nous avons pour nous ce que vous n'avez pas : l'autorité, le respect, le principe ; nous avons la foi, la foi en Dieu, cette invisible mais suprême puissance, où toute belle action a son origine, sa source ; la Foi en Dieu, en ce pouvoir infini, près duquel le cœur, l'âme se retrempe et prend une nouvelle vigueur contre le mal, contre l'adversité ; la foi en Dieu qui inspire l'abnégation, la charité, l'amour, qui engendre les belles actions et les grands dévouements. Nous avons la foi en nous dont vous n'éteindrez pas l'étoile; la Foi des Napoléon, — toute de bonté : — par laquelle notre Empereur allait au secours de tant de douleurs, et avait tendu au peuple reconnaissant une main que, dans son malheur, à notre Empereur vous avez reniée, vous, mais que l'ouvrier secouru se rappelle avoir acclamée et bénie; — toute de charité : — par laquelle notre Princesse, notre Impératrice soulageait la misère du pauvre, et s'asseyait au chevet du malade, du cholérique abandonné.

Nous avons la religion ; la religion qui fait non point s'incliner hypocritement, mais s'agenouiller ceux qui croient, et qui dans la prière donne la force, la volonté, la puissance pour le bien contre le mal, contre vous ; la religion par laquelle le père pleure aux larmes de son fils, par laquelle la mère sourit au sourire de son nouveau-né ; la religion qu'appelle un roi mourant ; la religion qui vous laisse le cœur gonflé de regrets peut-être, mais qui vous fait partir libre ; la religion qui, en un anniversaire d'affection et de deuil, joint à nos souvenirs de larmes et de regrets nos espérances de joie, d'avénement, d'heureux et fêté retour.

Vous croyez au néant, nous croyons en Dieu ; vous n'avez que les principes qui tuent, nous avons ceux qui font vivre ; vous mourrez, nous vivrons ; nous avons la foi qui ranime, la foi qui soutient, la foi qui protége et qui sauve.

16 janvier.

LE GÉNÉRAL DUCROT A SES SOLDATS

« Je puis vous avouer que je ne me sépare pas de vous sans un profond chagrin; car j'espérais vous consacrer les quelques jours de force et d'activité que Dieu voudra bien m'accorder encore.

« Depuis six ans que j'ai l'honneur de vous commander, j'ai fait tous mes efforts pour développer en vous les sentiments de devoir, de patriotisme, de respect pour la discipline, d'amour du travail, d'esprit de camaraderie, toutes ces vertus militaires, enfin, qui font la force des armées et leur préparent de grands succès.

« J'ai la conviction d'avoir réussi ; mon successeur saura le reconnaître; cette pensée est ma consolation.

« Maintenez-vous dans les voies que je vous ai tracées; soyez toujours des soldats fidèles et dévoués et de bons citoyens. Gardez le souvenir de votre vieux général, et si la patrie était menacée, réservez-lui une place au milieu de vous. »

« *Signé :* DUCROT. »

Nous n'ajouterons aucune réflexion à cet admirable adieu. —

Ils sont nombreux les grands et les petits qui pensent comme lui. —

Dieu, le devoir, la patrie : voilà les trois vertus du vieux brave. La France vivra. Vive la France!

21 janvier.

CANROBERT — LES ANNIVERSAIRES NOUS MARCHONS VITE

Eh oui! Messieurs, nous marchons vite, grâce à vous surtout; à vous qui malgré de belles promesses n'avez encore rien produit, et ne faites voir que votre partialité un peu trop vive, votre esprit d'inquisition un peu par trop développé, et votre talent tout extrême à renverser et démolir; talent gênant même, vous le comprenez, dans votre magnifique ardeur qui nous réjouit d'aise, de pasticher l'Empire, et de faire grand, si grand même que c'en est ridicule, en jonglant avec tous les milliards de vos admirables et superbes projets.

Mais laissons cela. Vous êtes vexés, Messieurs, très-vexés même depuis quelques jours, car il s'est produit une série d'événements, événements de deuil, événements de souvenir, dont la venue a rapproché et remis en mémoire le passé, dont la résolution a réveillé l'espoir et secoué l'avenir.

Vous êtes vexés; nous, nous sommes contents, et votre agacement, votre rage nous est, permettez que nous vous le disions, d'autant plus agréable, et nous y sommes d'autant plus sensibles, qu'elle est forcée d'être contenue, concentrée, et que vous n'avez pu et ne pouvez encore, par le fait de ces événements, et en raison de leur nature même et des circonstances qui les ont précédés, produits ou accompagnés, que vous n'avez pu et ne pouvez rien dire ; vous en êtes réduits, ce qui nous remplit d'une douce joie, à vous mordre les lèvres de dépit; vous avez la mine longue et vous nous faites l'effet (pardonnez cette comparaison bien innocente), vous nous faites l'effet de ce gamin auquel un camarade a *chipé* des billes, et qui le voyant rouler ses yeux d'une façon toute spéciale, que vous n'êtes pas sans avoir remarquée dans vos tournées et observations obligatoires et gratuites, lui crie :

— Ah ! ah ! il rit jaune.

Ce qui vous touche, et vous le savez bien, ce sont nos messes anniversaires ; c'est la mission, c'est l'accueil de Canrobert en Italie.

Les messes anniversaires ; cet élan qui se réveille dans le pays, ces pieux souvenirs pour le père mort, pour notre bon, notre grand et vénéré Empereur, vous montrent le Fils vivant, l'Empereur acclamé, revenu : et vous avez raison ; nous aussi, nous pensons cela, nous le disons et l'avons dit bien haut ; le deuil s'annonce joie et retour ; la tristesse se prépare espérance certaine ; elle le sera devenue l'an prochain, quand pour l'anniversaire, dans la plus petite ville, en la plus humble église, se trouveront réunis et priant tous les fidèles, tous les fervents de Napoléon assemblés, affirmant, dans leur attente et dans leur foi, l'heureux jour qu'ils savent préparé et inscrit au grand livre de l'avenir, de la destinée.

Canrobert, lui, est à nous, celui-là, bien à nous ; il a juré fidélité, *imperatore, patriâ*, comme les armes de cet autre glorieux ami qui vient de mourir ; les siennes : pour le pays et pour l'Empereur, c'était son cri de bataille à lui ; et il a tenu parole. Ainsi maintenant il ne donne pas seulement à l'Italie le témoignage de douloureuse sympathie, il porte avec lui le passé, il le rappelle, il le fait présent; il remue nos souvenirs chauvins, cette fumée de Palestro, de Ponte-Vecchio, de la Sesia, de Solferino, de toutes ces batailles où il a vaincu pour la foi jurée, pour ce qu'il aimait, pour ce qu'il aime, pour le Pays et pour l'Empereur.

Voilà, Messieurs, ce qui vous touche, et d'autant plus qu'il vous est impossible de le dire; tout ce qu'il a eu d'honneurs, Canrobert, tout ce qu'il a reçu de considération, tout ce qu'il a récolté de petits triomphes, comme ces soldats le priant de les passer en revue et qui l'ont acclamé encore tout poudreux de la route; toutes ces satisfactions pour lui, pour nous, toutes ces consolations pour la France, sont autant pour vous de traits vifs, de coups d'épingle.

Vous êtes vexés, Messieurs, nous marchons vite; nous sommes satisfaits, nous sommes contents, car nous voyons là des indices, une certitude qui vous effraye, qui nous rassure.

Avec cela nous avons eu nos petits plaisirs d'amour-propre, et n'étant point comme vous des Spartiates, indifférents, insensibles, cuirassés aux petites douceurs de la terre, nous les avons appréciées ; et tenez, quand les tambours ont battu pour les petits enfants du roi défunt, pour les fils d'un cousin renié, nous avons été fiers tout de même ; riez, cela nous est égal : nous avons été fiers, parce que nous avons en ce moment oublié tout le reste et ne nous sommes souvenus que du nom de Bonaparte ; rions, nous aussi, quand nous avons vu votre dépit toujours contenu et tamponné, lorsqu'un de nos députés a fait une proposition d'interrompre, en signe de deuil, vos séances, proposition que, oh ! remords, oh ! honte, vous avez été contraints d'accepter ; riez si vous voulez, nous avons été flattés quand le Chef du parti marchait en tête portant en sautoir le grand cordon de l'Italie ; vous n'étiez pas les premiers là, vous êtes battus cette fois ; tout pour nous, rien pour vous, pas d'initiative, pas de tambours, pas de gloire, pas de cordon même ; n'en faut pas, du reste, il est trop vert.

Allons, allons, rrran, vous êtes vexés, nous sommes contents ; Canrobert ; les anniversaires ; nous marchons vite.

25 janvier.

AFFAIRE MARCEAU

Affaire Marceau ; ce serait amusant si ce n'était triste. Voilà une pièce de théâtre qui a les honneurs de la tribune, et un mouvement de scène, un incident de spectacle qui produit les frais d'une question à un ministre !

Enfin, c'est comme cela et nous nous divertirions bien volontiers de cette entrée politique d'un nouveau genre, si près de son côté bizarre et puéril, nous ne voyions se glisser un symptôme, un renouveau d'une histoire très-récente, non point dans la forme, mais dans l'esprit, pour les tendances et vers l'effet.

Donc, c'était un de ces jours, à Nantes, dans

la salle du théâtre ; alléchée par le titre *Enfants de la République*, la grande famille s'était donné rendez-vous ; heureuse, elle soulignait chaque tirade de ses bravos, de ses trépignements radicaux; sous cet afflux, sous ce débordement vainqueur, la minorité dirigeante, la victime courbait la tête ; tout allait bien ; le grand passage, la retentissante scène allait venir ; on attendait; se trouverait-il un autre député de Reims ou un nouveau sénateur de Blois, pour entamer et soutenir le chœur, pour mêler sa mâle voix au plain-chant national ? il ne s'en lève point, mais les cuivres ont sonné, la musique a retenti; on se regarde, on comprend; ce n'est plus de la joie, c'est de l'enthousiasme, du pur délire : les voix se mêlent, se confondent; la pauvre petite minorité, accablée, se surexcite, s'échauffe, le sang lui monte au visage; elle se lève et riposte; scène, tumulte, cris, punition de l'officier, c'est tout, ou plutôt ç'aurait été tout si la République ne s'était emparée de cet enfantillage ; et certes, si l'on n'avait pas été lever une grosse histoire, une affaire à tapage, là où il n'y a eu qu'une exaltation de pièce, de spectacle, anodine et passagère, la consignation du théâtre aux troupes, la punition elle-même peut-être aurait été levée.

Mais au lieu de cela, les républicains ont agrandi le cadre ; il a été parlé d'un incident de la nature la plus pénible, d'un ordre scandaleux, d'une ridicule prétention, puis grossissant et surenchérissant encore, ils ont pris de grands airs ; le rôle de l'armée dans la démocratie a été défini ; ils ont dit, développant suivant eux le préjudice causé à la discipline, à la considération de l'armée, qu'elle devait être tenue dans une sphère supérieure, qu'il fallait qu'elle restât en dehors de l'arène où se livrent les combats politiques, quand c'est précisément par tout ce fatras étalé à plaisir, par la suite que l'on donne, par la dimension que l'on attribue à cet incident, qu'on tente en l'attaquant de déconsidérer l'armée, et qu'on la met par la question des députés à la merci de la politique.

Et ici, nous le savons bien, un député a le droit d'interpeller, de demander des explications, mais nous dirons : Franchement, n'y eût-il que cette raison, ne sent-il pas, ce député, qu'il y a une certaine, nous dirions outrecuidance, si ce mot ne dépassait pas notre pensée, à faire ainsi acte d'inquisition, à se permettre de vouloir morigéner, interroger un général ministre, lui qui, il y a moins de deux ans, était encore et n'a jamais été que capitaine? Ne voit-il pas qu'il suit une tendance fâcheuse, une pente funeste? et ses amis devraient l'arrêter ; mais non, bien au contraire. Est-ce envie, est-ce rancune, est-ce folie, ils le poussent et eux avec, pour notre malheur, vers cette route déjà suivie d'un canonnier capitaine et d'un écrivain général dont nous avons présents les éloges qui autorisent à dire, destruction de considération et de respect, éloges, félicitations de faux devoirs et d'indiscipline.

30 janvier.

L'AMNISTIE

Le mot d'amnistie retentit toujours agréablement au cœur de l'homme politique, a dit M. Rouher interrompu par les gauches, qui, ne comprenant pas ou voulant travestir l'étendue, la vérité de cette parole, ont permis de jeter et de concentrer sur l'Empire la douceur et toute la lumière de ce mot de pardon, d'amnistie que lui seul, l'Empire, a décrétée plénière, sans restriction, sans arrière-pensée ni réserve.

Cette loi qu'ils viennent de voter, d'apaisement et de réparation, ont-ils dit imprudemment, loi de représailles et non de vraie amnistie, a été l'occasion d'une belle journée, pour nous et pour notre chef, qui, mettant en lumière toute l'étroitesse d'esprit, la mesquinerie d'intention, de pensée, les petites considérations de personnes, de rancunes et de représailles que comportait cette proposition, les a percées à jour, a tout démontré et tout dit, et ici nous voulons donner non point une approbation, nous n'aurions point une telle sotte et ridicule prétention, nous entendons et nous disons, a tout démontré et a tout dit, c'est-à-dire, nous avons admiré, puisant dans les raisonnements de cet esprit puissant tous les arguments, toutes les vérités que lui seul savait et qu'il nous a fait connaître.

Mais s'il a voulu montrer le terre à terre et le néant de cette intrigue, aussi et surtout son but était de faire voir que l'Empire seul avait compris le développement, et que l'Empire seul pouvait revendiquer hautement l'amplitude que doit avoir toute mesure de pardon venue, émanée de la puissance publique et de la souveraineté nationale.

Et à cela l'on ne peut rien dire ; seul l'Empire en effet, seul il a donné l'amnistie dans son étendue, dans la grande et belle pensée qu'elle comporte de force calme et de généreux oubli ; seul il l'a donnée, seul il la donnera encore.

Seul l'Empire peut la donner et la donnera encore ; il en aura le désir, la faculté, la puissance, les moyens ; il pourra, il voudra.

La République, elle, n'en a que la pensée, l'idée, le mot, sans exécution, ni réalité ; sa vie, son essence lui défend de vouloir et de pouvoir ; elle ne veut et ne peut l'amnistie.

Elle n'a pas la volonté de l'amnistie, elle ne veut ; c'est là chose évidente, chacun le sent, le comprend nettement, mais cette impression, ce sentiment, ne nous suffisent pas ; nous en donnerons des preuves prises et récemment fournies par chacune des trois fractions de gauche qui composent et forment le tout homogène, l'ensemble républicain : le radical d'abord, à la tribune, vient dire qu'il ne veut pas d'amnistie, qu'un jour viendra, il l'espère, où cette amnistie sera possible, mais qu'à l'heure actuelle, remarquez cette raison, le Sénat la repousserait ; et, s'appuyant sur une pareille et pour lui si misérable défaite, il abandonne et met de côté les martyrs de la démocratie, les frères et amis ; il n'en veut pas. — Le centre gauche, lui, timoré, frissonne à cette pensée, à l'énoncé seul de cette parole de retour ; s'il accepte le pardon pour quelques-uns, il fait un choix, un tri de douze cents égarés qu'il appelle, l'imprudent, coquins, assassins, voleurs en bande, pillards à main armée, et pour finir, incorrigibles d'autant plus à craindre et à tenir éloignés qu'ils pourraient, et ici vous allez voir la naïveté du bon centre gauche, qu'ils pourraient, c'est lui qui parle, s'arranger à réussir : — et nous sommes de votre avis, monsieur le centre-gauche; avec vous, ils pourraient recommencer et réussir, mais vous avez la parole trop longue, vous oubliez que leurs amis de ces douze cents vous ont aidé, ont fondé et constituent avec vous votre gouvernement intègre et idéal.—La gauche pure, elle, représentée par son grand chef, n'en veut pas non plus : il se refuse maintenant aussi obstinément à la réclamer qu'il avait solennellement promis de la porter devant la Chambre ; et la démocratie ne tardera pas à comprendre, nous laissons ici parler un républicain, que M. Gambetta tient surtout à ce que les condamnés de 71 restent prisonniers ; sur un signe de lui, l'amnistie, c'est toujours le républicain qui parle, l'amnistie eût été votée en 77 et le serait en 78 ; mais il la craint, il en a peur ; il s'est contenté de promettre, il n'a pas tenu ; il n'a pas demandé, proposé, il ne proposera pas, car il voit le danger ; il ne tient pas, il ne veut pas.

Si la République radicale intransigeante, si la

République pure opportuniste, si la République modérée n'a pas la pensée de l'amnistie, si elle n'en a pas la volonté ; elle n'a pas non plus la puissance, la faculté, les moyens de la donner ; elle n'en a pas le pouvoir ; elle ne peut.

Elle craint, en effet, et c'est bien là un indice de son défaut de résistance, de son manque de soutien et de son extrême faiblesse, elle craint et redoute tout, de ces incorrigibles, comme elle les appelle, et qu'elle avoue maladroitement devoir recommencer demain ; — elle ne peut, car pour le radical, pour le déporté relâché par elle, l'amnistie ne serait pas une faveur, un pardon, une grâce, ce serait la réparation d'une injustice, l'acquit d'une faute, d'une injure, d'un crime incommis ; — elle ne peut, car ramené, le déporté de et par la République, lui réclamerait l'indemnité de ses peines, de ses injustes souffrances, le payement de sa captivité, de son exil ; — elle ne peut, car il serait en droit et viendrait lui dire : Mes amis sont vos amis, donnez-moi mon morceau de gâteau, la part, et ce serait vrai, du festin qui m'est due ; — elle ne peut non plus, car déjà les radicaux l'attaquent, et cette nouvelle queue radicale grossirait le tas, la masse qui veut le pouvoir pour elle et à son profit. — Non, elle ne peut l'amnistie, la République, car si elle la pouvait, elle la voudrait, et la preuve de son impuissance est qu'elle ne la veut pas, qu'elle ne l'a pas faite et ne la fera pas.

Et que l'on ne vienne pas nous dire : je ne veux pas maintenant, mais je voudrai plus tard, je voudrai un jour. — Un jour ! quel jour ? quand ? Car enfin vos frères qui attendent, il faudrait bien les renseigner, et si vous émargez en paix, ils seraient sans doute bien aise de savoir et d'émarger à leur tour ; les quelques sous que vous pouvez leur remettre ne leur suffisent pas et ils doivent trouver qu'ils ont pour eux le droit puisqu'ils ont aidé et se sont battus pour la République qui existe et vit aujourd'hui. Quand ? comment voudrez-vous ? Car enfin vous êtes au pouvoir, vous êtes les seuls maîtres ; vos adversaires vous subissent ; que vous faut-il de plus ? Vous n'espérez pas, vous n'attendez pas qu'ils viennent à vous ; si c'est cela, hors de la République, des républicains attendront et finiront là-bas ; dites plutôt ou laissez-nous dire pour vous que vous avez peur de l'amnistie, que vous n'en voudrez jamais, et si cette amnistie doit venir ce sera par nous, par l'Empire, qui seul voudra sans crainte et pourra sans danger.

Lui, il voudra, il pourra, car en un jour de

glorieux avénement, un passé, quelques mois de folie sont noyés; il pourra, car il n'a pas avec ces exilés les attaches de la République, et ainsi ils reviendront humbles, graciés et non arrogants, fiers et justifiés; il voudra, il pourra, et loin de craindre, il nous plaît de le dire, parce que c'est par de semblables mesures, par de tels actes marqués au coin de la puissance, de la grandeur et de la générosité qu'un gouvernement se rend populaire; il pourra sans crainte, il voudra sans danger, car il a, car il trouve en lui un principe qui maintient les basses passions et les instincts mauvais, une autorité qui tient l'homme; il pourra, car il se sentira solide et fort; il peut, le précédent est là, il peut sans danger, le précédent est là encore; et par mesure d'oubli, de pardon, de grâce, il dira comme autrefois ce mot qui retentit agréablement au cœur de l'homme politique : « Amnistie! »

---

4 février.

TROP PETITS, MESSIEURS!

Pour qui vient de lire la séance de nuit de la Chambre, il n'est qu'un mot : C'est honteux !... et quel est l'homme que cet étudiant du barreau aux phrases vides, aux périodes creuses, aux injures grossières, quel est l'homme que ces conventionnels déguisés, ces insensés pires, on nous laissera le dire, c'est à l'*Officiel*, pires qu'à la Convention, ont osé insulter ? Celui qui vice-empereur, comme ils l'appellent, et c'est une gloire, a soutenu et développé, tant qu'eux n'y étaient pas, et tant qu'il y était lui, le lustre impérial !

C'est honteux et c'est trop bas. Vous n'êtes que de petites gens, messieurs, et quand vous aurez son passé, de cet homme, alors il vous siéra de vous adresser à lui, mais pas avant ; et pour notre part, nous ne regrettons qu'une chose, c'est que les nécessités de la politique l'aient obligé à vous répondre, car ces insultes, elles, ne peuvent l'atteindre.

Encore trop petits, messieurs ; — quand, comme ministres du commerce, vous aurez comme lui proclamé au nom de deux grandes nations les principes de la liberté commerciale ; quand vous aurez collaboré à l'instruction publique par l'enseignement primaire ; quand vous aurez défendu une création patriotique, la garde mobile organisée pour la défense et la protection nationale ; quand, comme ministres d'État, vous aurez par votre initiative accompli ces réformes touchant à toutes les branches de la législation : sur les salaires, sur les associations, sur les chemins de fer, sur les procès criminels, sur les chèques, sur la contrainte par corps, sur la marine, sur les sociétés, et nous en laissons bien d'autres ; quand, au Conseil d'État, ayant étudié les bases de ces lois, vous en aurez soutenu la discussion au Corps législatif et que vous les aurez fait approuver et voter ;

Quand vous aurez fait cela, vous pourrez élever

la voix et discuter; jusque-là, devant la grandeur de cette vie, devant ce que vous avez fait et devant ce que vous faites, nous vous disons : Vous n'êtes que des petits, vous ne lui allez pas à la cheville, à cet homme; vos insultes ne montent pas; — jusque-là, messieurs, trop bas votre outrage; vous, trop petits.

---

11 février.

L'OUVRIER

L'IMPOT SUR LE REVENU

I

Nous laisserons pour quelques instants les discussions et les passions de la politique, et nous profiterons de ce moment de budget, pour nous occuper d'une question, question sociale, question ouvrière, que, malgré les promesses faites, la République ne tente même point de résoudre, et qui sera encore pour l'Empire, qui a déjà tant fait pour l'ouvrier, le motif d'un nouvel et fécond attribut.

Nous venons de dire que nous ne nous occuperions pas de politique ; cependant, sans arrière-pensée, il nous sera permis de constater que la République, opportuniste, telle qu'elle est comprise actuellement, ne résout et n'améliore rien ; opportuniste en effet est synonyme de content de son sort, de la place acquise, et au-dessus de ces légères considérations de satisfaction et de bien-être pour la très-petite fraction, il est une part autrement importante qui ne va à la République que dans l'espoir trompeur et le désir précipité de bien-être et de possession qu'elle espère en retirer. Au fond c'est la question, ou plutôt les questions sociales qui font la République, et du jour où il sera acquis que cette République, par son impuissance et surtout par la fragilité de ses institutions, ne peut rien donner à la majorité qui la soutient, il est clair, pour nous servir d'une expression que l'on a plaisantée mais qui représente bien notre pensée, il est clair que le plus grand nombre se tournera contre elle ; en tout cas il nous semble intéressant en ce moment, non point d'examiner la question sociale, nous n'aurions point pareille audace, mais il nous a paru opportun et nous tâcherons d'en soulever un tout petit coin dans ses rapports tels que nous les comprenons avec l'ouvrier et la modification progressive de l'impôt, n'ayant que la simple prétention d'effleurer, et laissant à nos amis bien plus compétents le soin de traiter cette grosse question.

Cette question de l'ouvrier, si digne d'intérêt, puisque le salarié, le prolétaire forme la plus grande partie de la population, est pleine de réflexions et de développements ; nous en examinerons quelques points importants, bienveillants d'abord, un peu durs peut-être ensuite, mais, ayant en vue et toujours pour but l'amélioration de sa condition, nous en donnerons l'idée morale, la partie théorique et l'aperçu pratique.

L'ouvrier, et ici nous entendons l'ouvrier proprement dit et moins le travailleur des champs, au moins aussi intéressant cependant, mais auquel les conditions d'existence et de travail ne donnent point les mêmes tentations et des besoins autres, l'ouvrier est malheureux, bien souvent, le plus souvent même par sa faute, c'est vrai, mais aussi et le plus souvent encore par suite de la pente funeste où il roule avec tous ses compagnons qu'il n'a pas vus et qu'il ne verra pas sortir de la misère ; et il nous semble, quelle que soit l'opinion que l'on puisse avoir de l'ouvrier, si mauvaise même qu'elle puisse être, que l'on ne peut dénier ce fait que presque tous ces gens sont misérables ; et alors nous disons : si pour beaucoup c'est par leur faute, il en est d'autres, et ils sont et ils seraient nombreux, qui méritent de sortir de cette misère ; nous ajoutons : le devoir est de les aider et de favoriser ce but de bien-être, fin de l'existence aussi bien chez le pauvre en somme que pour le riche, et si quelques-uns seulement, si vous voulez, de ces malheureux travailleurs sont dignes, le devoir n'en est pas moins encore et davantage de faciliter les moyens à ce petit nombre, et de créer ainsi pour l'avenir de nouveaux méritants.

Et nous ne sommes pas suspects de partialité ni de tendresse pour l'ouvrier ; nous savons fort bien qu'il en est de deux sortes, les uns, ils sont nombreux, qui ayant de bons salaires, gagnant trois et quatre francs par jour, en jettent la moitié le soir au cabaret ; ceux-là ils sont, dites-vous, peu intéressants, et ce qu'ils font ils ne devraient pas le faire ; c'est vrai, mais enfin ils le font ; nous plaignons ces débauchés et nous disons encore : s'ils voyaient quelques camarades s'élever progressivement, à leur tour quelques-uns d'entre eux, l'infime minorité d'abord, nous le voulons bien, mais quelques-uns cependânt réfléchiraient, il y aurait la salutaire influence de l'exemple, et peut-être leur viendrait-il l'idée de s'élever aussi, de sortir de là en quittant la débauche, nous ne disons pas le cabaret qui est et peut n'être que le café, que nous n'aimons point cependant, de l'ouvrier, mais en abandonnant le vin et l'ivresse : qu'ils en sortent.

Mais s'il y a ces débauchés, à côté de ceux-là il en est aussi, il y a l'ouvrier sage, rangé, l'ouvrier honnête, qui malgré tout son désir et tout son mérite ne peut s'élever si son patron ne l'aide pas d'une manière spéciale, et c'est le cas très-rare; le voulût-il d'ailleurs, qu'il ne le peut pas toujours : cet ouvrier gagne cependant, près et quelquefois cinq francs par jour, mais il a famille ; la femme fait la soupe, les fils marchent pour leur compte, les filles vont à la fabrique pour vingt sous, malgré cela, au bout, et bien qu'il n'ait pas même donné à son monde une instruction proportionnée à sa condition, il n'a pu et n'arrive à rien: ses charges sont trop grandes, et lorsque l'âge vient, après avoir été le plus souvent délaissé de ses fils, après avoir le plus souvent vu partir ses filles à la ville, il a bien vite épuisé les quelques cents francs économisés, et après une vie d'efforts, sinon d'intelligence, il se retrouve misérable, meurt à peine soigné sur un méchant lit, ou, quoique bien à tort, pour lui pire encore, à l'hôpital. Nous ne demandons pas que chacun ait dix mille livres de rentes, nous ne voulons pas non plus prôner l'ouvrier au détriment du patron, bien loin de là, comme on le verra : nous estimons ces flatteries dangereuses et malsaines autant qu'inutiles ; mais nous voulons montrer que si chez les ouvriers il y a des débauchés incorrigibles pour la plupart, quant à présent au moins, il y a aussi parmi eux des sujets intéressants, et très-intéressants ; et allant jusqu'à admettre que pour ceux-ci il n'y a rien à faire et que trop perdus ils doivent être laissés de côté, nous n'en répétons pas moins énergiquement que, pour ceux-là, il est du devoir de tous de les soutenir, et du devoir surtout du gouvernement, qui doit donner l'exemple en leur facilitant la route, et qui le peut par une diminution des charges et en partie du moins par une modification de l'impôt.

13 février.

II

Nous avons exposé pourquoi il nous semblait du devoir général, et en particulier de celui du gouvernement, de réduire les charges trop grandes qui pèsent sur le travailleur ; nous avons dit que toute réforme serait, qu'on nous laisse le répéter, c'est sûr et cela nous fait plaisir, serait de l'avenir de l'Empire ; nous examinerons maintenant les deux systèmes qui se présentent pour cette amélioration du sort du plus grand nombre, pour ce perfectionnement de la condition de l'ouvrier.

D'abord, liberté complète, c'est-à-dire faculté pour eux de se réunir et par la discussion autorisée de chercher les moyens et voies pour un résultat. En second lieu, protection du gouvernement vers cette condition meilleure, et son guide vers leur bien-être.

De ces deux manières, autant la seconde nous paraît utile, rationnelle et féconde, autant la première nous semble fâcheuse, dangereuse et vaine.

L'ouvrier est pauvre et rarement heureux, nous lui portons un grand intérêt, et l'avons dit; mais doit-on pour cela ne lui donner que compliments et lui cacher ses vérités, ou du moins ce que l'on croit ses vérités? Nous ne le pensons pas : aussi serons-nous net, dur même, et nous sommes d'autant plus libre à cela que nous ne lui marchandons pas le concours que nous voudrions lui voir généreusement donné.

Si donc l'ouvrier est intéressant, il est évident que son éducation, éducation qu'on aura beau faire on ne développera jamais beaucoup, car aussitôt que l'enfant vient en âge de s'instruire, il devient en même temps apte à gagner, et alors on l'envoie gagner, et cela sera toujours, et c'est naturel puisque les parents n'ont rien; il est ainsi évident que son éducation le met en état d'infériorité intellectuelle; par suite, dans l'examen des conditions qui doivent rendre son sort meilleur, il apportera toujours, c'est clair, une somme d'intelligence moindre, et une connaissance pratique très-inférieure à celle des hommes d'une classe plus instruite et d'une éducation plus élevée; mais cela serait relativement peu, et il en serait quoique en état moins bon, certainement à même d'examiner ces questions qui l'intéressent au premier chef, si l'envie de posséder, dominante chez tous, dans l'humanité, mais surtout chez lui dont l'instruction non développée n'a pas, pour beaucoup, calmé cette envie en la modérant dans sa voie légitime, ne devait fatalement le pousser à des espérances excessives et à des exigences sans mesure et sans réalisation.

En général, dans tout centre industriel, l'ouvrier est l'ennemi né du patron ; c'est partout la même chose, sauf certaines exceptions, mais elles sont rares, où celui-ci sait, par un mélange de sévérité grande et en même temps de bonté, par un tas de petits riens, une poignée de main donnée à propos, une politesse scrupuleuse qui fait plaisir et qui flatte, par un je ne sais quoi qui ne peut se définir, sait se faire des amis, des hommes dévoués de ses ouvriers; mais c'est l'infime exception et nous ne voulons pas parler des contre-maîtres chefs de métier, qu'il est très-facile de s'attacher, nous entendons l'ouvrier proprement dit, qui a la jalousie naturelle du maître, et qui par cela est trop souvent disposé à se plaindre et porté à médire.

C'est ainsi que bien souvent les ouvriers, mal conseillés par des esprits dits forts, se croient dupes et exploités par le patron, dont ils ne connaissent ni les difficultés, ni les charges, ni les soucis; ils ignorent, et que l'on ne croie pas à une allusion personnelle fort déplacée, l'écrivain de ces lignes n'a jamais conduit ni dirigé des ouvriers, ils ignorent toute l'intelligence nécessaire à la bonne gestion d'une grande entreprise; pour beaucoup il n'y a pas de droit là-dedans, ils s'en soucient peu; ils s'imaginent, ce qui n'est pas toujours le cas cependant, que le patron ramasse l'or à pleines mains, tandis que lui fait péniblement sa journée; le patron porte chapeau, lui blouse, tout est là : question d'envie ; si donc vous leur permettez de discuter, vous n'obtiendrez, en raison de leur instruction primitive, que peu d'idées sensées, peu de bons aperçus, aucun moyen vraiment pratique ; leurs discussions peu de temps sérieuses tomberont bientôt dans la confusion et l'insanité, et des récents de leurs discours nous permettraient de nombreux exemples ; si donc aussi, vous les laissez se réunir, vous les laisserez en même temps et par cela même se monter les têtes; échauffés, tous en viendront à dire tout haut ce que quelques-uns seulement pensaient tout bas : les patrons ont tout, l'ouvrier rien ; il faut l'égalité ; les opprimés, les oppresseurs, la fraternité, la liberté, vive la République ! — et immédiatement une réunion permise ayant pour but l'étude de l'amélioration matérielle de l'ouvrier, dans les grandes, en phrases républicaines, dans les grandes assises du travail et de la liberté, se résoudra, à peine commencée, en club politique n'ayant que des appétits et ne disant que des folies, et cela toujours, nous le constatons sans en tirer aucune conséquence, ne voulant pas nous mettre à mal le gouvernement existant que nous regardons avec une douce et tranquille satisfaction, cela toujours aux cris libres, fiers et larges de vive la République !

L'ouvrier ainsi, bon au fond, s'aigrit, devient méchant ; non-seulement il n'arrive à rien par lui-même et pour lui d'effectif, mais encore par ces appoints isolés qu'il donne au désordre, à la politique, aux grèves, il s'aliène l'intérêt de ceux qui peuvent, et de ces réunions bruyantes ou quelques-uns font entendre des théories stupides, il ne tire rien d'utile ; c'est l'affaire des meneurs ; et ainsi ces hommes si intéressants, mais esprits faibles par l'éducation, peu fortunés, malheureux et par suite d'un entraînement facile sont conduits par des fanatiques vers ce qu'ils prétendent devoir être leur bien, mais en fin de compte, vers leur mal, à l'aggravation de leurs peines et de leurs misères, mais jamais au développement de leur bien-être.

Nous disons donc en résumé : si l'ouvrier est pauvre, malheureux, il est en même temps par sa condition même, faible et hors d'état de se guider utilement; gardez-vous autant de lui remettre une arme comme à un enfant qu'il est, arme qu'il tournerait bien vite contre vous pour vous faire du mal et à lui aussi, gardez-vous-en autant, que songez à le soutenir et préoccupez-vous de l'aider.

Le soutien, la protection pour un sort meilleur, voilà ce qu'il faut : c'est tout et c'est assez ; pas de phrases, pas de réunions, pas de tout ça ; une amélioration palpable et de la sévérité. Comme dit le proverbe, qui aime bien, châtie bien, faisons cela ; fermes, mais la main bonne, nous aurons fait le bien, et nous l'affirmons : l'ouvrier nous sera reconnaissant.

15 février.

III

Témoins de la misère de l'ouvrier, et surtout de son impuissance à s'en exonérer même par une vie d'efforts et de travail, mais aussi redoutant les dangers inévitables de discussions et de réunions inutiles, sans but, et sans issue autre que le développement des mauvaises passions et de la licence, nous nous sommes demandé, comme bien d'autres avant nous, quel était le moyen de soulager cette misère, en écartant toute liberté ou mieux faculté de revendications dangereuses ; nous estimons que ce moyen est l'impôt sur le revenu.

Le riche, il faut bien le reconnaître, n'est pas tendre en général, oh! non : content de son sort, il s'inquiète peu ou très-indirectement de ceux que la naissance a faits misérables ou prolétaires; s'il y pense parfois c'est d'une façon fort vague, en tout cas platonique, et même, nous parlons toujours en général, bien entendu, s'il s'en occupe, c'est parce que petit à petit, chaque jour, ce prolétaire, il le craint davantage, et cette pensée lui revenant à l'esprit, l'ennuie et le taquine.

Voilà souvent le conservateur; tel n'est pas le bonapartiste; il ne veut pas, sans doute, laisser prendre ce qui n'appartient point; il ne veut pas donner ce qu'il a gagné au prix de son travail ou ce qu'il a reçu des aïeux; il ne veut pas renverser les rôles; mais il dit : le prolétaire, le peuple est le fond du pays, il mérite la sollicitude, allons à lui, guidons-le, maintenons-le; oui; mais aidons-le, favorisons-le, au lieu de lui résister; équilibrons à son avantage des charges trop lourdes pour ses épaules, et qu'il ne supporte qu'à raison de ses biens et facultés, comme cela devrait être, ainsi que l'a revendiqué une grande assemblée, non-seulement pour lui mais pour chaque citoyen.

L'impôt sur le revenu est, dit-on souvent, sans donner de raison la plupart du temps, il est vrai, inique, monstrueux; c'est une perturbation générale! Tel n'est point notre avis, tout autre; nous pensons au contraire qu'aucun impôt n'est plus absolument équitable et juste, et il nous semble et nous affirmerions, si cette affirmation ne comportait une présomption qui n'est ni dans nos goûts ni dans notre habitude, nous affirmerions que son application est simple et qu'elle serait sans doute mise en pratique à l'heure qu'il est, si, comme toujours, la République, après avoir promis, n'avait pas été absolument incapable de rien innover pour une amélioration ou un bien-être.

Aucun impôt n'est plus équitable et juste. En effet, qui en principe et en somme doit payer l'impôt? celui qui possède; or l'impôt sur le revenu frappe bien celui-là; il favorise, c'est vrai, celui qui ne possède pas, mais n'est-ce pas équitable et juste puisqu'il le frappera à son tour le jour où il possèdera?

Il est certain qu'en fait d'impôt, il est fort difficile d'obtenir la perfection; cela doit être, en tout cas, puisque jusqu'ici les imperfections et les inégalités n'ont pas été ou n'ont pu être supprimées; mais, enfin cependant ce n'est point là une raison, et parce qu'on n'est pas arrivé à une solution, parce que l'on n'a point atteint le bien, de négliger toute tentative de solution nouvelle et toute arrivée, sinon à la perfection, tout au moins à l'approche de ce bien complet.

Or, il est certain qu'avec le système actuel d'énormes contributions indirectes de près de 900 millions de francs, on fait supporter les charges d'une façon absolument disproportionnée et injuste; et tous ces impôts, sur les fonctions de la vie commune à l'homme fortuné et au malheureux, tous ces droits sur les boissons, le sucre, les allumettes, le transport, le tabac, etc., frappent aussi fort le pauvre que le riche, et c'est inique, puisque ce qu'ils payent d'une même somme de droits que nous appellerons alimentaires, ne représente pas pour eux la même valeur d'argent, de privations ; et c'est ainsi complétement en dehors de cette règle en matière d'impôts, que chacun doit supporter et payer en raison de ses biens et facultés.

Comment faudrait-il faire pour établir l'impôt sur le revenu ? Devrait-on, comme cela a été dit à la Chambre, et nous avouons que c'est une appréciation séduisante, devrait-on rechercher et établir la fortune de la France, que l'on ignore absolument puisqu'on l'estime de 200 à près de 600 milliards ; et ayant connu cette fortune, cet actif qui paraît devoir osciller entre les deux chiffres de 200 et de 600, c'est-à-dire être de 400 milliards, ne croit-on pas qu'il serait possible facilement, sans nuire au développement de l'agriculture et de l'industrie, de distraire du revenu de ces 400 milliards, c'est-à-dire de 20 milliards, les 2 milliards 900 millions nécessaires au budget des dépenses ? Devrait-on, au contraire, négligeant cette opération vaste, mais si attrayante, établir d'abord l'impôt sur les seuls revenus fonciers; c'est-à-dire dans son application la moins topique mais en même temps la plus simple, puisqu'il suffirait de prendre pour base le revenu cadastral, et que connaissant le revenu par le registre matriciel, et le taux par la loi de finances, il n'y aurait qu'à ajouter un nouvel article pour le nouvel impôt à la feuille du contribuable qui indique déjà le revenu cadastral ?

Ce sont là questions toutes remplies d'intérêt, mais que ce n'est pas le lieu et que nous n'avons point autorité suffisante pour développer; nous dirons seulement encore, que les objections que l'on forme à cet impôt si équitable, objections provenant de la déclaration nécessaire, c'est-à-dire, dit-on, de mesures vexatoires et d'inquisition, nous paraissent aussi peu fondées que la prétendue énormité de l'impôt; d'abord, en Angleterre, — mais nous le rappelons seulement pour mémoire, ces comparaisons de peuple à peuple étant fort défectueuses et prouvant peu, en raison de la différence des caractères et mœurs, — en Angleterre, l'impôt sur le revenu est appliqué. L'esprit français, objecte-t-on, esprit indépendant par excellence, empêcherait tout fonctionnement de mesures ou de procédure nécessaire pour la connaissance des revenus, mesures qualifiées d'inquisition et d'oppression. Pourquoi oppression, inquisition? pourquoi ces grands mots, faits pour effrayer et non bons pour résoudre?

Ne suffirait-il pas tout simplement d'admettre la déclaration des contribuables, en inscrivant une pénalité double ou triple de l'impôt, si le revenu déclaré était faux? On ne s'y soumettrait pas, dit-on aussi; mais si, parfaitement; et ne s'est-on pas soumis à une chose analogue en petit, comme obligation, pour les quittances, décharges et reçus; devoir, bien qu'il soit caché, que chacun remplit cependant, parce que c'est la règle, autrement il y aurait contravention, passible d'amende, et cela suffit.

Il est certain aussi que les revenus de chacun sont, par années, variables; mais la déclaration pourrait varier, pourquoi pas? Mais, dira-t-on également, comment déterminer et déclarer des revenus qu'à l'avance on ne connaît souvent pas? Mais qui empêcherait de faire porter l'impôt sur les revenus d'un exercice écoulé ou de prendre la moyenne du plus bas chiffre d'un précédent revenu, ou toute autre manière très-aisée à trouver? Il est évident qu'il y a des objections, autrement cela serait trop commode ; mais si l'on butte chaque fois qu'une objection se présente, on n'avance pas ; il faut la tourner ou l'écarter, mais non s'arrêter. Cet impôt n'est-il pas du reste appliqué, et ne fonctionne-t-il pas déjà sans le moindre effort, ce système que l'on appelle inquisitorial et oppressif, ne fonctionne-t-il pas par l'impôt provenant de valeurs mobilières, sur le revenu de plus de un milliard ?

Nous nous résumons : l'impôt sur le revenu est juste et équitable au premier chef, nous croyons l'avoir indiqué ; il déplaît au riche, c'est certain, car il n'y gagnera pas, mais il y perdra peu ; et ce peu devant être beaucoup pour le pauvre, cette considération doit le lui faire accepter et désirer. L'impôt sur le revenu est applicable ; nos hommes d'État l'appliqueront ; et s'il ne nous a pas été donné qualité officielle ici, est-il besoin de le dire, pour parler au nom de l'Empire, cependant nous pouvons hardiment affirmer, car nous en sommes sûr et nous le savons, qu'il apportera à ces graves questions étude active et résolution favorable.

Au lieu et place de la République, qui peut bien faire tout ce qu'elle voudra, et qui, elle, ne perfectionnera aucune condition et ne résoudra rien, car même eût-elle les hommes, il lui manque le principe et l'assiette ; à son lieu et place, ce sera lui, l'Empire, qui a déjà tant fait pour l'ouvrier, qui lui donnera, par une réforme de l'impôt, par une réduction des charges, une nouvelle, féconde et réelle somme de fortune et de bien; — et c'est encore lui, l'Empire, par l'intérêt qu'il porte au travailleur, par la préoccupation profonde et constante qu'il a de son bien-être, qui lui offrira espoir de consolation, de bonheur et d'heureux avenir.

Pour le pauvre ; — pour le peuple ; — pour l'ouvrier.

---

24 février.

DOULOUREUX ABAISSEMENT...

Il est des situations douloureuses, des époques de réduction et d'abaissement, pour lesquelles la tendance actuelle est la distraction et l'oubli ; on se grise de mots ; cachant ses plaies sous une parure de loques, l'on se pavane ; appelant mauvais Français ceux qui pour les guérir voudraient, si on ne les montre pas toutes nues, que chacun au moins puisse en voir la place, et les touchant du doigt, contribue à monter la patrie hors de cette décadence travestie, mais chaque jour plus profonde, où des malheureux, les vrais mauvais Français, la perdent.

Cette situation douloureuse de notre pays, cet abaissement, — et que l'on nous appelle mauvais citoyens, mauvais Français, si l'on veut ; ce n'est pas l'être que d'avouer, d'affirmer un fait vrai, si pénible qu'il soit, fait vu de tous, ignoré de nous seuls, auxquels à dessein, on tente de masquer en fardant la vérité ; ce n'est pas l'être, nous le savons bien, car connaissant le péril et le mal, on peut le prévenir, en le combattant l'enrayer ; et le cachant, il gagne, et chaque instant davantage, — cet abaissement, on doit le ressentir d'autant plus douloureusement aujourd'hui, et il est plus pénible encore, qu'il n'est plus, pour ainsi dire, caché dans nous-mêmes, mais qu'il s'étend et se propage au dehors par notre rôle nul de spectateurs muets et relégués du conflit oriental, où nous avions autrefois la première place.

C'est la faute de l'Empire, clame-t-on ; la faute de l'Empire ! C'est la faute de la République, c'est la faute de vous, et il en a été fait justice à la tribune par notre vice-empereur, devant une Chambre affolée.

L'Empire a eu une grande douleur ; il la sent mieux que personne, et il n'est pas besoin qu'on la lui rappelle ; il ne l'oubliera pas ; il a perdu une bataille ; il a pleuré, et il pleure encore cet abandon d'un jour de la victoire à tous ses vaillants soldats, combattants ou morts pour l'honneur de la France ; de la France que d'autres après lui ont déconsidérée et perdue : par l'Alsace, perdue ; par la Lorraine, par les cinq milliards, par la Commune, par les incendies, par les otages, par l'état actuel, par la perversion et le bouleversement de tout sentiment vrai de calme, de justice et de réparation ; mais l'Empire, s'il a eu une défaite, qu'il pleure, défaite que la République a souillée de larmes hypocrites, car c'est par elle qu'elle a eu la joie de venir s'implanter alors pour la ruine de la France ; il avait eu bien des jours de victoire, des jours brillants ; il peut s'en souvenir, les rappeler ; et maintenant, avec lui, nous n'aurions point cette situation si triste, ce sentiment si pénible de douloureux effacement dans la réforme et l'examen de ces traités de 1856, auxquels le chancelier prussien rend hommage, faits et signés par deux mêmes êtres, par la France et par l'Empereur.

Et cette France, républicaine aujourd'hui, cette belle France réduite, ne comptant plus dans la famille européenne qu'elle guidait et conduisait autrefois, par chauvinisme, dit-on, par chauvinisme, c'est possible, mais par chauvinisme glorieux dont on répudie maintenant jusqu'au seul mot français; cette belle France, ne serait pas aujourd'hui ce pays que l'on décompose, cette nouvelle Espagne des années passées, si elle n'était étourdie et affolée du bruit de toutes ces haines, voulant étouffer de leurs cris, tout cet, et leur, abaissement; elle ne serait pas ce peuple si grand, aujourd'hui si bas, si elle avait pour la guider cette parole généreuse qu'elle a comprise, qui lui vibre au cœur et qui pourrait lui dire à présent :

Nous avons perdu une bataille, c'est vrai; et mon malheur a été d'autant plus grand qu'il était le vôtre; mais nos mains unies pour une espérance se sont serrées, lorsqu'elle a été perdue, d'une nouvelle et plus forte étreinte; nous nous sommes recueillis; et de cette union plus intime encore, de notre confiance fortifiée chez tous deux par le malheur, il est sorti une France nouvelle, qui est la nôtre, une France régénérée, presque déjà celle de 1856, où les ministres de l'étranger, réunis, venaient témoigner envers moi, envers vous des sentiments de leur respect et de leur reconnaissance, et nous offrir à tous deux, à moi votre Empereur aimé, à vous mon Peuple fidèle, éloge et considération, pour cette œuvre, disaient-ils, de gloire pour la France, de bien et de grandeur pour la paix du monde.

---

3 mars.

PAUL DE CASSAGNAC

Du dernier et solennel débat, jaillit un mot : — Merci !

D'un bout de la France à l'autre le Bonapartiste le pense ; — M. Paul de Cassagnac, vous avez de la même main du Maître flagellé la gent républicaine, la secouant de vos coups droits et bien portés ; — d'un bout de la France à l'autre : — Merci !

C'est par de si violentes, mais en même temps si calmes paroles, que les âmes s'élèvent.

C'est avec un sang-froid si vigoureux, par une si vive, mais si tranquille audace que les esprits sont soutenus, que les cœurs se montent ; et tous, nous témoignons aujourd'hui, tous, nous apportons et nous donnons joyeusement notre tribut de juste et vraie reconnaissance au jeune, au courageux député qui continue l'œuvre entreprise et récemment posée, de réparation vengeresse; et qui poursuit, avec ce bonheur et ce succès, son but, le nôtre à tous; guidé par cette conviction forte, éclairé de cette foi ardente que chacun de nous éprouve, dont battent tous ensemble nos cœurs bonapartistes, mais le sien, celui de ses amis, de nos amis, l'un des premiers; tenant le drapeau Impérial, de cette hauteur et de cette même crânerie, qui le mène aujourd'hui à Versailles, comme elle l'avait porté à Belleville.

De son discours, que chacun connaîtra, nous ne dirons rien; nous l'affaiblirions, Il faut le lire, le lire en entier. Nous n'en retiendrons que ces mots : « Chez nous, un 16 mai quand on l'essaye; un 16 mai, porte un autre nom : il s'appelle Brumaire; il s'appelle Décembre. » — Décembre, admirable journée, journée d'honneur et de salut, — d'honneur et de salut; et nous le prouverons quand on voudra, — où l'insurrection dispersée en province, foudroyée à Paris, permet à l'espoir, à la confiance de renaître; au travail, à la sécurité de revenir ; à l'industrie, au commerce, aux arts de se développer, de prospérer et de grandir ; et tout cela, sous la seule et ferme autorité d'un Bonaparte, sous le prestige et la volonté de cette fière parole : *l'Ordre, j'en réponds ;* qui dans ce malheur et ce chaos, résume et personnifie encore et plus que jamais aujourd'hui, la doctrine Impériale, léguée aux Bonapartistes, à Paul de Cassagnac, par Napoléon Empereur.

---

4 mars.

LES ÉLECTIONS DU 3 MARS

Le résultat des élections du 3 mars est bien tel que chacun de nous le pensait, et ce qu'il devait être.

Quatre conservateurs ; le reste, les candidats républicains triomphent ; rien d'étonnant à cela et rien de plus simple.

M. Gambetta avait annoncé 400 députés ; on y a travaillé depuis trois mois ; le nombre approche ; placez-vous au point de vue et à la lunette républicaine ; c'est cela et c'est bien joué.

Nous ne voyons ici que la suite et le résultat d'une tactique peu neuve, mais toujours bonne, qui consiste, avant l'action, à se donner une assurance que l'on n'a pas, et, par un simulacre de ferme allure qui vous sert à préparer une issue qui eût été autre et inférieure sans cette tenue de jactance et de vantardise préliminaire.

Nous expliquons et développons notre pensée.

M. Gambetta a un système que, bien pratiqué, nous aimons, et qui nous semble excellent : celui de l'aller de l'avant préalable ; il en a été usé par lui toujours et partout, du jour même où il vint au monde en lançant son mot qui fit fortune, d'irréconciliable, et en jurant fidélité au pacte dont il se faisait un piédestal, mais qu'il abandonna depuis, sans le renier naturellement, continuation de sa même tactique ; et ce qui, les circonstances ayant changé, comme il arrive toujours, et ce qu'il savait bien du reste, lui fut facile.

Ce système doublé d'intimidation a toujours réussi, et il serait fort aisé d'en dire quantité de cas de détail : dans les campagnes contre les grands commandements, les attaques aux gouverneurs de nos établissements financiers, les menaces de mises en accusation de ministres tombés, la commission d'enquête qui n'était et qui n'est qu'une œuvre de pression, etc., etc.

Nous ne citerons que le cas et l'application

principale de ce procédé ; procédé qui pour nous, c'est fort clair, a fait réussir les élections républicaines du 3 mars, de même qu'au premier tour, dont celui-ci n'est que le corollaire, il avait donné à M. Gambetta un profit d'autant plus grand, que son assurance était plus importante, et que ses adversaires du pouvoir apportaient envers et contre lui plus de ménagements et de réserve.

De même alors, — voyant un maréchal ballotté, et après lui avoir auparavant crié dans l'attente et dans la prévoyance de ce ballottage : Soumission ou démission ! il disait, et tous les républicains avec lui : La démission seule est possible et acceptable ; nous ne voulons plus que la démission ! et ayant ainsi impressionné son adversaire, il acceptait ensuite une soumission qu'il avait préparée, bien joyeux de l'avoir obtenue.

De même aujourd'hui ; — c'est la continuation de cette même tactique qui lui fit dire : Nous reviendrons 400, qui l'a encore poussé à préparer un nouvel appoint à la majorité républicaine ; appoint qui nous est venu, que nous avons aujourd'hui et que nous disions tout à l'heure fort naturel. Et ce procédé d'intimidation et d'aller à l'extrême est pour lui invariable.

Du jour en effet de la diminution républicaine, il l'a continué : il y a eu vol, il y a eu fraude, a-t-il dit, c'est pour cela ; de plus, il laissait entendre que toutes — toutes — les élections à affiches blanches devaient être repoussées et tous les élus invalidés ; le républicain s'est dit : c'est vrai ; l'impression s'est produite, et le procédé ayant réussi, a permis ainsi, lorsqu'ont été présentées les différentes vérifications et propositions d'invalidations, plus réduites qu'on ne les avait annoncées, — ce qu'ils savaient fort bien devoir être, — a permis de se donner, en même temps qu'un air de générosité, au point de vue de leur parti, intéressant, de se préparer à la suite de cette annonce d'intimidation, un terrain favorable, en étalant tous les griefs reprochés aux malheureux officiels, et a permis aussi d'amener par cela et par cette pression constante de l'opinion, le résultat prévu par eux, attendu par nous, de leurs menées, de leurs candidatures toutes officielles, officielles parlementaires.

Et maintenant, à notre point de vue, quelle est la moralité de cette élection, qu'y a-t-il dans tout cela ? Mon Dieu, peu de chose.

La minorité est un peu réduite, un peu amoindrie, voilà tout ; elle était minorité, elle reste minorité, et le regret que nous en éprouvons ne dépasse pas beaucoup les noms des honorables invalidés battus, que nous plaignons sincèrement; nous sommes de ceux qui pensons que l'on doit lutter toujours et partout, bien qu'au fond nous ne voyons que dans l'excès du mal qui menace le triomphe et le retour du bien ; nous croyons cependant qu'il faut par la lutte constante résister le plus possible à ce mal, ne fût-ce que pour le seul principe du bien, et ne pas abandonner ainsi une parcelle, si mince qu'elle soit, d'espoir de salut; c'est en cela que nous regrettons le mauvais résultat des élections du 3 mars.

Mais, comme nous l'avons indiqué, préparées de la sorte sur le terrain où les républicains les ont amenées et produites, leur résultat n'a qu'une importance relative et secondaire, et se trouve bien ce que les circonstances l'annonçaient, et comme nous le disions en commençant, tel qu'il devait être.

5 mai.

LA POLITIQUE QUI NOUS EST TRACÉE

Aujourd'hui que par l'impulsion donnée et venue de haut, le parti impérial se trouve, non pas dégagé d'anciennes et inféconds alliances, nécessaires autrefois, maintenant inutiles, dangereuses et compromettantes, — dégagé il l'était déjà et l'avait dit, — mais aujourd'hui qu'il a affirmé son unité d'action, de conduite et de position nouvelle ; il est du devoir de nous tous, ainsi qu'il nous a été dit, non pas tant d'expliquer ou de développer cette nouvelle et plus nette prise de position, — on nous a dit que c'était bien, et cette raison seule suffirait, si nous tous, qui ayant ce privilége, étant de mêmes caractères, de posséder même pensée, nous n'en avions déjà et aussi éprouvé le sentiment ; mais il est de notre devoir, non pas tant, disions-nous, d'expliquer cela, que de répéter et de vulgariser cette indépendance près du peuple, dont nous sommes, et la démonstration en serait facile, les seuls vrais amis ; dont seuls nous avons été et serons le guide, que confondu il ne voyait plus, mais qu'il reconnaîtra désormais ; et dont seuls, pour ce jour qu'il serait périlleux de nommer, mais qu'il saurait être d'autant moins défendu de prévoir qu'il approche davantage et qu'il est plus voisin, dont seuls, nous pouvons être la réelle et salutaire expression, le levier de force ou de volonté.

Notre politique sera donc comme il nous a été indiqué, — non pas, absolue et générale, car le seul mot de politique contient le sens de modifications possibles en présence d'événements imprévus, futurs ou inattendus ; — cependant, cela est un fait, elle sera désormais dégagée de toute entrave, alliance ou compromission.

Cela ne veut point dire que dans des cas, circonstances ou affaires spéciales, il ne doive nous arriver parfois, souvent peut-être, dans les Chambres, de nous joindre à ceux dont nous entendons être et dont nous sommes séparés ; il n'est et ne serait pas non plus dans notre nature, d'oublier ou de répudier des hommes pour lesquels il n'est pas besoin du souvenir de luttes et de persécutions communes, qui suffirait à conserver à leurs personnes un respect si justement dû. Mais, ce sont là : d'un côté, affaires de détail pouvant arriver ; de l'autre, questions de sentiment et d'estime qui sont personnelles ; et ces choses sont en dehors et n'entament en rien notre grande ligne, dans l'acte devenu nécessaire et accompli vis-à-vis du peuple, de notre unité et de notre isolement pour les biens de la vraie et féconde démocratie ; en face et contre la démagogie, latente encore, mais presque déjà, et bientôt certainement, triomphante et dégagée.

Pour tout esprit non prévenu, pour tout homme sain, il est absolument évident et clair, — et nous n'avons point ici la prétention de convaincre celui dont la tête est perdue dans la roue républicaine affolée, nous n'en avons souci ; mais nous sommes sûrs, les événements le prouvent et le prouveront, nous l'affirmerons donc, — il est absolument évident et clair, que l'état, la condition actuelle ne saurait durer ; et que, dans une période, nous dirons d'environ deux ans, car elle est rapprochée mais surtout légale, il doit se produire un soubresaut, un revirement, une secousse, quelque chose enfin que nous ne saurions ni voudrions définir, mais tel, qu'il remette en place et qu'il rende à chaque chose et à chacun, cet équilibre de pensée et de situation dont on va chaque jour perdant de plus en plus l'idée et la seule notion.

Partant de ce point absolu et irrémédiablement fixé dans notre pensée ; nous devions, nous bonapartistes, qui comme les républicains du reste, — nous le reconnaissons d'autant plus volontiers que notre point de vue est plus opposé et surtout nos résultats tout autres, — nous qui comprenons la réalité pratique des événements à venir, et qui estimons qu'il faut, pour réussir, — mon Dieu oui, réussir, c'est là notre but salutaire, et c'est le but naturel de tout parti, — qu'il faut pour réussir, préparer et guider sa conduite dans l'attente de ces événements que l'on prévoit et que l'on tend ainsi par cette prévoyance à plus sûrement amener ; nous nous sommes dit, et l'ordre nous en a été donné, que le moment était venu et qu'il fallait reprendre notre tradition, un instant égarée dans une espérance que nous savions trompeuse, mais que les circonstances et des illusions devenues ridicules nous imposaient alors ;

et ainsi nous avons et possédons aujourd'hui dans toute la plénitude, cette tradition qui est notre raison d'être et notre toute-puissance, cette grande tradition de démocratie impériale.

Et c'est cela que les royalistes ne peuvent pas comprendre : nous sommes démocrates. C'est pour cela aussi que nous ne voulons point faire route avec eux. Leur inspiration est fort respectable, sans doute, en elle-même, puisqu'ils n'auraient en vue que le bien du pays, mais elle est fausse et ne vaut rien, car elle tend à remonter un courant dont au contraire il faut ouvrir et faciliter en la guidant, la marche ; et toute conception, aussi belle qu'elle pourrait être, si elle reste platonique et si elle ne descend pas des hauteurs trop sereines où elle est née, pour donner un peu de ce bien pratique qu'elle contemple et qu'elle rêve, la leur en est là, est de nulle valeur et de nul effet.

Nous, au contraire, nous avons un résultat préparé ; nous avons une mission à remplir et que seuls nous pouvons remplir, et, nous l'entendons, nous n'y faillirons pas. Nous voulons pour ce jour que nous savons devoir venir, nous voulons être prêts pour le salut de tous qui viendra compromis ; nous voulons être prêts pour nous qui sommes du peuple ; nous voulons être prêts pour les royalistes qui viendront à nous quand nous serons là, et quand, s'effondrant comme ses aînées, aura vécu encore une autre révolution; nous voulons être prêts avant tout, pour la sauvegarde de la nation, du peuple tout entier, dont les royalistes forment inconscients la non moins belle part ; et nous le serons : car il est, appliquée au bien, une force qu'à son degré le plus haut le parti impérial possède, et à elle seule suffisante, nous disons : la volonté.

---

5 AVRIL 1878

Déjà : — Ducrot, destitué.

— Armée, religion, magistrature, autorité, principes, détruits ou attaqués.

— Mauvaises passions; désordre; misère; honte; abaissement; anarchie. — Ces mots, nous sommes prêts à les justifier.

Aujourd'hui : — Général de GESLIN, révoqué.

Extrait de l'ordre du jour du 1er juillet 1877, adressé à l'armée; commençant par ces mots : *Soldats;* inséré au *Journal officiel* et affiché dans toute la France.

Vous comprenez vos devoirs; vous sentez que le pays vous a remis la garde de ses plus chers intérêts. En toute occasion je compte sur vous pour les défendre. *Vous m'aiderez, j'en suis certain, à maintenir le respect de l'autorité* et des lois dans l'exercice de la mission qui m'a été confiée et que je remplirai jusqu'au bout.

MARÉCHAL DE MAC MAHON
Duc de Magenta.

Message du 11 novembre 1850.

. . . .

Le but le plus noble et le plus digne d'une âme élevée n'est point de rechercher quand on est au pouvoir par quels expédients on s'y perpétuera, mais de veiller sans cesse aux moyens de consolider, à l'avantage de tous, les principes d'autorité et de morale qui défient les passions des hommes et l'instabilité des lois.

LOUIS-NAPOLÉON.

Extrait de la Proclamation du 2 Décembre **1851**.

On remarquera que nous avons écrit 1851 *en très-gros caractères. — Prudence et précaution.*

Français! La situation actuelle ne peut durer plus longtemps. Chaque jour qui s'écoule aggrave les dangers du pays. L'Assemblée, qui devait être le plus ferme appui de l'ordre, est devenue un foyer de complots. Le patriotisme de trois cents de ses membres n'a pu arrêter ses fatales tendances. Au lieu de faire des lois dans l'intérêt général, elle forge des armes pour la guerre civile; elle attente au pouvoir que je tiens directement du peuple; elle encourage toutes les mauvaises passions; elle compromet le repos de la France : je l'ai dissoute, et je rends le peuple entier juge entre elle et moi.

LOUIS-NAPOLÉON BONAPARTE.

Nous ne pouvons rien dire : on nous supprimerait.

Les pièces officielles produites, lues de tous dans la France entière, appartiennent à l'histoire et sont à nous.

ÉLECTIONS

RÉFLEXION PASSÉE ET MISSION A VENIR

Élections détestables; République républicaine; vraie République; Commune. Il faut en prendre son parti.

Pour nous, nous l'avons pris facilement, car la République tuée par elle-même, notre fin préparée, entrevue et certaine s'affirme plus rapide et se dégage plus nette; nous l'avons pris gaiement nous dirions, si les grands maux et les grandes douleurs que la France devra encore subir, ne nous défendaient jusqu'à une pensée de fête et de joie.

Au lendemain du 3 mars, nous disions : Le résultat nous semble tout simple et attendu, nous ne voyons là, croyons-nous, rien d'étonnant, et seulement la suite naturelle de circonstances rendues prêtes et préméditées de nos ennemis.

Aujourd'hui, demain, il n'y aura rien non plus qui nous frappe et qui soit de nature à atténuer ou à modifier notre opinion et notre pensée première.

Pression, intimidation, candidature officielle et candidature malsaine et dissimulée, par tous actes, moyens et voies inconnues et inosées jusqu'à ce jour, de nous au moins; voilà et tels sont les procédés républicains de victoire dont ils se targuent; doublés, contre nos amis et contre ceux que nos protestations indignées engageaient à soutenir, doublés de haine que nous leur rendons, aux républicains; doublés de haine, et suivis de mensonge et de violence accouplés, — de mensonge et de violence, — car non-seulement on en a déjà vu et éprouvé les explosions et les effets, mais encore maintenant chaque meneur, chaque pourvoyeur de la République violente et ment au brave paysan, en lui disant : Vous voyez bien votre député, on vous le renvoie, il est indigne, on vous le renverra encore.

Nous ne pouvons et ne saurions y ajouter que

la réflexion d'un fait, sans appréciation ni commentaire.

Il est un homme, le plus haut placé, le Président de la République, qui par ce résultat commencé, amené, acquis et consommé aujourd'hui, se trouve par ses paroles, par ses actes au grand jour et solennellement répandus ou prononcées, se trouve et vient chaque jour davantage à un rôle étrange, à une situation qui émeut et qui choque.

Cette situation, nous ne tenterons pas de la qualifier.

De nous, rien n'y touche, rien n'est commun; dangereux, ce serait sans profit.

Nous ne la qualifierons pas.

C'est un maréchal que l'Empereur avait affectionné et créé duc.

Mais il est un froissement, un contraste présent à tous que nous rappelerons, et cela pour le seul guide du sens que nous croyons droit : — car, de même qu'on ne saurait compter sur nous; ne comptant sur rien, c'est bien en effet, on n'en doutera pas, pour ce seul guide, pour ce seul principe de bien; principe qui va même ici contre tous et contre nous, nous n'éprouvons point d'embarras à le dire, car plus tôt le mal qui en l'état et au point actuel doit venir, sera venu; plus tôt on pourra l'abattre; plus tôt aussi le salut; plus tôt notre destinée.

Nous citons donc; les pièces sont sous nos yeux; nous nous bornons à deux exemples suffisants, mais il en est bien d'autres. Il a dit, le chef de l'État :

— « J'ai une responsabilité envers la France dont aujourd'hui plus que jamais je dois me préoccuper. »

— « Ni ma conscience, ni mon patriotisme ne me permettent de m'associer, même de loin et pour l'avenir, au triomphe de ces idées.

« A quelque époque qu'elles dussent prévaloir, elles n'engendreraient que le désordre et l'abaissement de la France. »

Eh bien! nous le demandons! — la responsabilité envers la France existe-t-elle? ces idées ont-elles triomphé et triomphent-elles encore aujourd'hui? — aujourd'hui où des élus ont pour programme, ils l'ont dit : abolition de la peine de mort; — abolition du Sénat; — abolition du pouvoir central; — abolition de l'armée; et pour finir, élection de la magistrature; autonomie de la Commune?

De la Commune, vous entendez bien! voilà :

voilà le résultat final, le résultat forcé, le résultat fatal de malheur, de honte et d'infamie!

De la Commune, non plus à Paris, car il est lâche, le communard, il a peur : il a reçu dans le dos la balle du soldat; il ne recommencera pas.

Mais de la Commune en province, dans les départements, où l'esprit se pervertit, se consume et se gangrène par ce flux républicain; par cette gêne, par cette misère qui s'en va grandissant, et qui pousse, conséquence fatale, aux idées de jour en jour plus malsaines d'une République, — fausse actuellement, pense-t-on puisqu'elle n'améliore rien, — fausse à chaque moment et plus tard, pensera-t-on également, puisqu'elle n'aura rien modifié, surtout rien donné; d'une République dont bientôt l'unique espoir, le seul sens et la seule vérité seront : possession, partage, fait nécessaire, Commune.

Commune, venue de la République, qui en d'autres jours de vils malheurs, nous perdra de nouvelle honte, de nouveau et bas mépris : Commune, devant et en face de laquelle seul restera debout et décidé le règne attendu, le règne vengeur, le règne nécessaire : l'Empire; Commune, dans laquelle se sera jetée, effondrée et perdue, cette chose qu'on appelle la République; Commune, contre laquelle s'élèvera seule pour réduire, vaincre et dominer, cette parole, cette voix pieusement gardée et recueillie par le Fils, cette voix qui remue le cœur généreux du soldat, l'âme fière du peuple, cette voix de salut, de mission; cette grande voix Impériale :

« Si les circonstances ramenaient ces épreuves, et m'obligeaient de faire appel à votre dévouement; il ne me faillirait pas, j'en suis sûr, parce que je ne vous demanderai rien qui ne soit d'accord avec mon droit, avec l'honneur militaire, avec les intérêts de la patrie; parce que j'ai mis à votre tête des hommes qui ont toute ma confiance et qui méritent la vôtre, parce que si jamais le jour du danger arrivait, je ne ferais pas comme les gouvernements qui m'ont précédé, et je ne vous dirais pas : Marchez, je vous suis! mais : Je marche, suivez-moi! »

TABLE DES MATIERES

FIN.

Clichy. — Imp. Paul Dupont, 12, rue du Bac-d'Asnières. (694, 6-78.)

Clichy. — Imp. Paul Dupont, 12, rue du Bac-d'Asnières (694 *bis*, 5-78)

www.ingramcontent.com/pod-product-compliance
Ingram Content Group UK Ltd.
Pitfield, Milton Keynes, MK11 3LW, UK
UKHW012034240726
13965UKWH00002B/787